7日間で
基礎から
学びなおす

カリスマ先生の

日本史

こんな先生に教わりたかった!
石川晶康

河合塾の超人気講師が、日本史の流れをとってもわかりやすく解説! さっと読むだけで"時代"がはっきり見えてくる。

JN237984

PHP研究所

はじめに

■ **趣味としてではなく、もちろん受験のためでもなく**

　趣味としてではなく、受験のため、試験のためでもなく、高校レベルの日本史の基本をわかりやすく説明してみようというのが本書の目標です。

　高校で日本史を学習しなかった。でも、最近、日本史に興味をおぼえるようになった。あるいは、暗記がイヤで日本史学習を敬遠してきた方に読んでもらうためのものです。もちろん、これから高校の「日本史」に取り組まなければならない人にも役に立つように書かれています。

■ **「日本」とは何か**

「日本史」ですから、もちろん「日本」の歴史です。ただし、「にっぽん」「にほん」と呼ばれる国家が誕生したのはそれほど古いことではありません。いろいろな説がありますが、7世紀から8世紀の初頭ぐらいの間でしょうから、せいぜい、今から1300年余り前のことです。

　そこで、まずは「日本」以前から始めて、なぜ8世紀前後になって「日本」という国号が誕生し、大王（おおきみ、だいおう）と呼ばれる支配者が「天皇」と称されるようになったのか。これまた、種々の説があるのですが、「日本」という国名とともに、ほぼ同時期に「天皇」の称も確立したと考えられています。

「日本は昔から日本だ」「日本の支配者は有史以来、天皇なのだ」といった単純な思いこみだけはまず捨ててから、本書を読み進めてください。高校「日本史」の最初の部分、旧石器文化の何十万年という長い時期には「日本列島」もないのですから。

■教科書だってウソをつく

　ところで、学習の基本は「教科書」ということになっていますが、あらかじめ、注意しておいてほしいのは教科書だってウソをつくことがあるということです。つい、5、6年前のことですが、旧石器遺跡の捏造（ねつぞう）事件が発覚しました。覚えておられる方もあろうかと思いますが、あらかじめ用意しておいた石器を深いところに埋めて、「最古の旧石器発見」「さらにもっと古い石器が！」と自作自演を続けた不心得な考古学者がいて、教科書もすっかりダマされていたのです。最古の遺跡として入試でもよく問われました。最古とされた「上高森遺跡」は、50～60万年前とされていました。予備校の授業でも、参考書でも、さんざん強調したものでした。それが捏造だったのです。

　実は、これは極端な例なのです。詐欺（さぎ）に引っかかったようなものですから、教科書を検定しているお役人に責任を取れと言うわけにもいかないでしょう。知っておいてもらいたいのは、教科書は細部の情報だけでなく、ある事件の扱い方、評価などについてもどんどん変わっていくということです。

■正しい「日本史」など客観的には存在しない

　端的にいえば、はっきりと、これが日本の歴史についての説明の決定版だという教科書は存在しないのです。別のいい方をすれば、「日本史」をどう解釈し、説明するかについての研究とともに、高校「日本史」もどんどん変わっていくのです。もちろん、教科書も多数あって、おのおの違いがありますし、なかにはかなり異色のものもあります。ともかく、自分が使った教科書が基本だなどと思わないことです。もちろん、「日本の歴史とは……なのだ」といった乱暴な説明は無視しなければいけません。
「歴史に学べ！」とか、「日本という国は……」などという主張の99％は、ただの思い込みによる脅迫です。
　そこで、本書では、現在もっとも多くの高校で使われている教科書を基準にして、その教科書が「日本」の歴史をどのようにとらえ、説明しているかを紹介していきます。もちろん、最初は違和感があるかもしれませんが、なんとか読み通してください。

石川晶康

CONTENTS

はじめに

1日目 「日本」の成立はいつごろか?

▶ 1日目のツボ —— 12

▶テーマ❶ **土を掘ったら、何が出てくるか?**
旧石器・縄文時代 —— 14

▶テーマ❷ **鉄と米の時代が始まった**
弥生時代 —— 20

▶テーマ❸ **中国の歴史書に登場する日本**
小国分立 —— 26

▶テーマ❹ **卑弥呼はどこにいた?**
邪馬台国・謎の4世紀 —— 32

▶テーマ❺ **巨大な墓を造り始めた**
ヤマト政権 —— 38

コラム❶ 文化は進歩するのか? —— 44

2日目 古代とはなんだろう?

▶ 2日目のツボ —— 46

▶テーマ❶ **タメ口をきいてみたら……**
推古朝と遣隋使 —— 48

CONTENTS

- ▶テーマ❷ 「日本」と「天皇」の誕生
  大化改新・白村江の戦い ―――― 54
- ▶テーマ❸ 律令制度は永久に不滅です
  奈良時代と律令制度 ―――― 60
- ▶テーマ❹ 入試は漢文が決め手です
  平安前期・文章経国の思想 ―――― 66
- ▶テーマ❺ 10世紀は大転換の時代
  平安後期・東アジアの中の日本 ―――― 72
  - コラム❷ 神も仏もみなオッケー？ ―――― 78

3日目 武家政権の時代

▶3日目のツボ ―――― 80

- ▶テーマ❶ 将軍は武士にあらず
  鎌倉時代の公武二元的性格 ―――― 82
- ▶テーマ❷ 食わせてやるから、命をあずけろ!
  鎌倉幕府の成立 ―――― 88
- ▶テーマ❸ 天皇が二人いる!?
  南北朝・室町幕府の成立 ―――― 94
- ▶テーマ❹ 遠くの親戚より、近くの他人
  応仁の乱 ―――― 100
  - コラム❸ みんなの仏教、みんなの芸能 ―――― 106

CONTENTS

4日目 天下統一と幕藩体制
▶ 4日目のツボ ——— 108

- ▶テーマ❶ **とにかく派手にいきましょう!**
  戦国時代・織豊政権 ——— 110
- ▶テーマ❷ **黄金太閤の光と影**
  天下統一と朝鮮出兵 ——— 116
- ▶テーマ❸ **すべての道は江戸に通じる**
  商業・流通の発達と文治政治 ——— 122
- ▶テーマ❹ **倹約するにも限度があります**
  幕政改革と飢饉の時代 ——— 128
- ▶テーマ❺ **屋台骨が音を立てて崩れていく**
  江戸末期(幕末) ——— 134
  - コラム❹ 江戸の文化は多様でござる ——— 142

5日目 日本の近代とは何か?
▶ 5日目のツボ ——— 144

- ▶テーマ❶ **洋服を着た「神」を見たか?**
  明治政府の成立 ——— 146

CONTENTS

▶テーマ❷ **天皇は神聖にして侵すべからず**
明治政府の政治 ──── 152

▶テーマ❸ **焦点は朝鮮半島にあり**
明治政府の外交 ──── 158

▶テーマ❹ **よみがえる古代としての明治**
明治の精神 ──── 164

　　コラム❺ 近代日本は欧米文化のごった煮 ──── 170

6日目 高鳴りやまぬ軍靴の響き

▶6日目のツボ ──── 172

▶テーマ❶ **天の助けか、火事場泥棒か**
大戦景気・戦後恐慌 ──── 174

▶テーマ❷ **協調の精神を忘れてはいけない**
護憲三派内閣・政党内閣 ──── 180

▶テーマ❸ **「満州国」建国はムチャな話です**
満州事変・国際連盟脱退 ──── 186

▶テーマ❹ **なぜ広島・長崎に原爆が落ちたか？**
日中戦争・太平洋戦争 ──── 192

　　コラム❻ 流行歌の誕生には理由がある ──── 198

CONTENTS

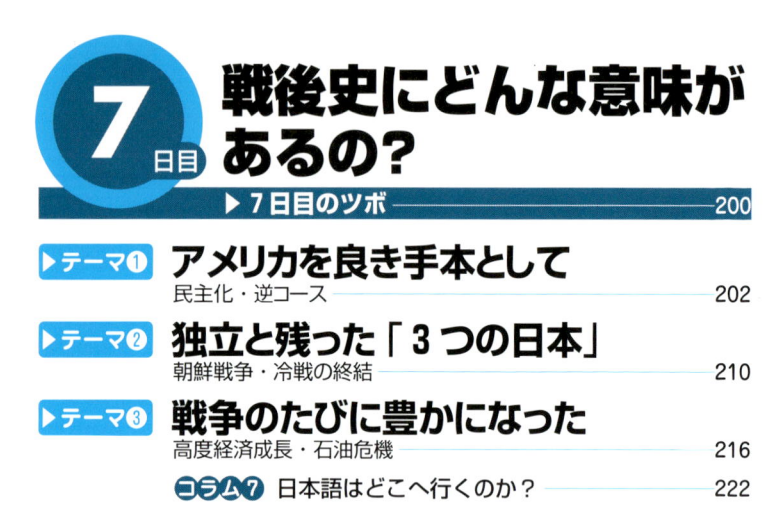

7日目 戦後史にどんな意味があるの?

▶7日目のツボ —————————200

▶テーマ❶ **アメリカを良き手本として**
民主化・逆コース ————————202

▶テーマ❷ **独立と残った「3つの日本」**
朝鮮戦争・冷戦の終結 ——————210

▶テーマ❸ **戦争のたびに豊かになった**
高度経済成長・石油危機 ——————216

コラム❼ 日本語はどこへ行くのか? ——222

なお、本文欄外文章は『角川日本史事典』（角川書店）、『コンサイス人名辞典日本編』（三省堂）を参考に作成しました。

「日本」の成立はいつごろか？

1日目

- 土を掘ったら、何が出てくるか？
  〜旧石器・縄文時代〜
- 鉄と米の時代が始まった
  〜弥生時代〜
- 中国の歴史書に登場する日本
  〜小国分立〜
- 卑弥呼はどこにいた？
  〜邪馬台国・謎の4世紀〜
- 巨大な墓を造り始めた
  〜ヤマト政権〜

1日目

「日本」の成立はいつごろか？

日本史の原点、日本列島の誕生

ツボ ▶▶▶

「日本」という国は、いつごろできたのでしょうか？

はじめから「日本は日本だろう」というわけにはいきません。

まだ「日本列島」すらない時代から「日本史」の授業は始まります。旧石器文化、旧石器時代と呼ばれる時代で、人々は打製石器を使い、象などの大型獣を狩りで得ていた時代です。

やがて縄文文化という土器をともなう文化が現れます。地球が温暖化して海面が上昇し、日本列島が形を現した時代です。土器の使用が始まりますが、自然界に存在する動物や魚介類をとって生活をしていた採集経済の段階です。本格的な農耕・牧畜は行われていません。

そこへ、中国、朝鮮半島から新しい文化が日本列島に伝わります。それが弥生文化です。金属器（青銅器・鉄器）の使用と米作り（稲作）を特色とする文化です。これによって生産経済と呼ばれる計画的に物を作り出す経済が始まるのですが、本格的な「戦争の時代」がやってきます。

この弥生文化と呼ばれる米作りと鉄を使う文化は、日本列島の主要部にあっという間に広がりますが、北海道や沖縄を含む南西諸島には伝わりません。そこで北海道では続縄文文化が、そして沖縄を含む南西諸島では貝塚文化と呼ばれる文化が発達しました。その結果、現在の日本の領土内には「3つの日本」、すなわち3つの文化が存在したことになります。

この弥生中期、紀元前後ですが、中国の王朝の歴史書に、この日本列島の情報が記載されています。日本ではまだ文字が使われていなかった時期です。『漢書』には小国、ちっちゃな国が100余

から、邪馬台国、ヤマト政権の成立まで

りもあったと書いてあるのです。「漢 委奴国王」と彫られた有名な金印に関する情報も得られます。そして3世紀、弥生後期になると、小国はいくつかのグループに分かれます。いわゆる小国家連合の時代です。その中で一番有名なのが、女王・卑弥呼を盟主とする「邪馬台国連合」と呼ばれる約30の連合体でした。

　この小国家連合の時代を経て、3世紀の後半から4世紀にかけて今の奈良県（旧国名では大和）に前方後円墳と呼ばれる巨大な墓が現れ、これが各地に伝わっていきます。すなわち、ヤマト（大和）政権の盟主、大王（おおきみ、だいおう）と呼ばれるようになる支配者を頂点に、地方の有力豪族たちがこれに従う連合政権ができたことが、古墳の分布から推測されるのです。文化でいえば、古墳文化の時代です。

　5世紀には有名な仁徳天皇陵（大仙陵古墳）などの巨大前方後円墳が築かれますが、その中でも雄略天皇は「日本史」に登場する最初の重要人物で、中国の歴史書『宋書』では「武」という名で出てきますし、その呼称、「獲加多支鹵大王」は『古事記』『日本書紀』だけでなく、埼玉県の稲荷山古墳出土の鉄剣銘で確認され、注目を集めました。

旧石器・縄文時代

▶テーマ❶

土を掘ったら、何が出てくるか？

■日本列島はどのように成立したか？

　大学で日本史を勉強していた頃、友人のたぶん5分の1ほどが考古学専攻者で、私は彼らを「土掘りだ、土掘りだ」と、冷やかしていました。しかし、実は、**考古学は理系の知識が必須の分野**で、文系の者には手が出せないものでした。

　そもそも、どうして古いものが土の奥深く、地中に埋まっているのでしょうか。これ自体、なかなか難しい問題なのですが、「日本史」の最初のテーマは、考古学とか地質学という分野から始めなければなりません。

　一般に考古学というのは、遺物、あるいは人骨などを探り当てて、これで過去を検証していこう、復元しようという学問です。当たり前のことですが、「日本史」といった場合、それは「日本」という国の成り立ちであることは言うまでもありません。

　ところが、最初の頃は、**日本列島は存在すらしていません**。日本列島がまだ形成されていない時代なので、このあたりを扱う学者はしばしば「**日本半島**」といういい方をします。

　そこで、まず、「**日本海は大きな湖だった**」と、最初の「日本史」の出発点をイメージしてください。**日本列島はアジア大陸と陸続きになっていた**のです。

　この時代は地質学上の**更新世**で、寒い時代。**氷河時代**とも呼ばれ、氷河が今より発達しています。海水が凍って氷になりますから、教科書には「今より100メートルぐらい海面が下がっていた」などと記述されています。要するに、陸地が今より広がっていました。

14　◆　人類の進化は、猿人（アウストラロピテクス）→原人（ホモ・エレクトス）→旧人

ただし、現在の日本列島が完全に大陸の一部になっていたわけではなく、対馬海峡や朝鮮海峡のあたりは海になっていたようです。今の地形でいうと、浜名湖（静岡県）のような状態と考えればいいでしょう。

■ **わからないことだらけの旧石器文化**

　ところで、この時期は**旧石器文化**と呼ばれます。「人間は動物とどこが違うか？」というと、これは小学校で習った話ですが、**①立って歩く（直立歩行）、②火を使う、③道具を使う**。道具の使用がわかるのは、石器が地中から出てくるからです。

　道具の最初の材料は石ですから石器時代——旧・新の２段階がある——と呼ばれます。鉄はまだ使用されておらず、石だけが道具の材料です。木も使われたでしょうが、腐りやすい木は、縄文以降でないとほとんど残っていません。

　戦後まもない1946年、群馬県の**岩宿遺跡**から**打製石器**という古い石器が発見され、これをきっかけに、より古い旧石器文化の研究が進むようになりました。

　そこで、縄文文化の研究は長年の蓄積があるのに対し、旧石器文化の研究はまだ半世紀あまりにすぎません。いろいろな説があって、ロマンに満ちているのですが、まだまだわからないことがたくさんあります。

　旧石器文化では、石を打ち欠いて作った打製石器を使って、**マンモス**とか**ナウマン象**といった大型動物を倒し、食料にしていたといわれています。マンモスは北の方から今の日本列島に下りてきた大型の象で、ナウマン象は南の方からやってきました。ほかにも200〜300種類の象が確認されているそうです。

　土器と呼ばれるような器はまだ使われていないし、住宅も**テント式**、あるいは自然の**洞穴**を使用したといわれています。道具で

（古代型ホモ・サピエンス）→新人（現代型ホモ・サピエンス）とされる。

ある打製石器が発見されれば、その時代に人が生活していたことがわかるのですが、やはり、その時代の人間の骨が見つからないと、ほんとうに人がいたという確信がもてません。太平洋戦争で激戦地となった沖縄の「ひめゆりの塔」の近く、港川の崖から1968年に発見された港川人骨（みなとがわじんこつ）が、ほぼ完全な形で出てきた人骨として有名ですが、十分な材料は見つかっていません。

旧石器・縄文文化遺跡分布図

化石人骨
1. 静岡県・浜北人（新人）
2. 沖縄県・港川人（新人）
3. 群馬県・岩宿遺跡
4. 東京都・大森貝塚
5. 青森県・三内丸山遺跡
6. 青森県・亀ヶ岡遺跡

◆ 旧石器文化の遺跡
■ 化石人骨発見地
● 縄文文化の遺跡

エドワード＝モース…1838～1925。アメリカの動物学者。生物進化論を日本に

■縄文人は優れた技術をもっていた

次に、「日本史」の「日本」の舞台である日本列島はいつできたか、ということですが、それは約1万年前と考えられています。気温の上昇にともない、海面が上がってきて、大陸と切り離されたのです。地質学上では、寒冷な更新世が終わり、現在の地球環境に近い**完新世**を迎えた時期で、地球環境そのものが変わってしまいました。

日本列島が形成されると、**イノシシ**とか**シカ**のような中小型動物が栄えるようになり、マンモスやナウマン象のような**大型動物は絶滅**してしまいました。絶滅の原因としては、「環境に適応できなかった」という説が有力ですが、ほかに「食べ尽くされた」という説もあります。

そして、もう一つ重要なのは、**森が変わった**、ということです。それまで地球上には、シベリアや北海道といった寒い地方にみられるような森が広がっていました。ところが、**温暖化**の影響で、**縄文時代**には、日本列島は落葉広葉樹林や照葉樹林、つまり木の実がたくさん採れる豊かな森に変わっていったのです。

当然、人々の生活も大きく変化します。近年、注目されている青森県の**三内丸山遺跡**でも、縄文人がいかに技術的に優れていたか、あるいは**計画的な生活をしていた**かが、少しずつわかってきました。

三内丸山遺跡では、かなり大型の建物も発達していて、人々は**栗の林を管理的に栽培**し、栗の実を重要な食料源にしていました。すなわち、堅果類と呼ばれる堅い皮をかぶった木の実が、この時代における重要な食料だったのです。

伝え、大森貝塚を発見。著書に『日本その日その日』。

ところで、**縄文**という言葉はどうして生まれたのでしょうか。これは小学校で習ったように、明治時代の1877年にアメリカの動物学者**モース**が偶然に見つけた東京都の**大森貝塚**、ここから近代的な考古学が発達するのですが、そのモースが付けた名称を訳して、**縄文土器**と呼んだのです。

　縄文時代の研究は、旧石器文化のそれと比べるとはるかに進んでいて、とくに土器の研究は緻密で目をみはるものがあります。土器の変遷は草創期・早期・前期・中期・後期・晩期に分けられますが、人がこの**土器を使うようになった**ことは非常に重要です。なぜなら、木の実を煮たり、灰汁を抜いたり、貯蔵用に使ったりすることで、生活は飛躍的に進歩したからです。

　縄文時代の狩猟は、旧石器時代のように大型動物を打製石器などで捕まえるのではなく、中小型動物を弓矢で狩り獲ることが多くなりました。また、入江が発達し、豊富な魚介類を食料としていました。東京湾も、今よりずっと入り込んでいたのです。

　住居は、地面を半地下式に少し掘り込み、円形にくぼませた、いわゆる**竪穴住居**を造っていました。博物館や遺跡公園に復元されたものを、どこかでご覧になったことがあるでしょう。

　石器も、打製石器に加えて**磨製石器**が発達します。磨製石器は加工度のかなり高い、磨き上げた石器で、表面がつるつるしています。打製石器に比べると、加工技術が格段に高いものです。

　ただし、打製石器が完全になくなったわけではありません。たとえば、イノシシやシカのような中小型動物を狩猟で狩る場合、弓矢の先端につける石鏃には、黒曜石のような非常に鋭利な石、すなわち打製石器を使っています。

　縄文文化は1万年以上も続くわけですが、**日本列島が形成され、基本的な文化が定着した時期が縄文時代**だといえるのです。

■縄文時代に戻るのも悪くない？

さて、縄文時代のイメージがつかめるようになってくると、次に縄文人の精神的な生活に興味が及びます。この時代の人々の信仰を**アニミズム**と呼びますが、健康な歯を無理やり抜いた**抜歯**のような、現在の成人式にあたる**通過儀礼（イニシエーション）**もあったといわれています。また、呪術者などは**叉状研歯**といって、三叉状に前歯を研いでいたこともわかっています。

そこで私は、講義でときどき少しふざけて、「古い伝統を守りたければ、縄文時代に戻ればいいじゃないか」と言ったりします。縄文時代には歯を抜いて成人式。やがて弥生時代になると、さかんに入れ墨をするから、「本校生徒は、日本、すなわち縄文・弥生の伝統を守って、必ずタトゥーを入れること。これに従わない者は停学１週間」という校則を作ると、まさに伝統校が出来上がるわけです。身体を加工したり、装飾したりするという歴史は今日まで続いているのですから……。

伝統とか文化というものは、時代を重ねながら、いろいろなものが複合している。このことを、これから少しずつ理解していってもらおうと思っています。

どうですか、旧石器・縄文時代のイメージは大体固まったでしょうか。少しでも興味が湧いたら、ぜひ一度、遺跡、あるいは博物館などでご覧になってみてください。

霊が宿るとした原始信仰。屈葬はその信仰のあらわれ。

テーマ❷ 弥生時代
鉄と米の時代が始まった

■ **生産経済が戦争を引き起こした**

1万年以上続いた縄文時代の次は、いよいよ弥生時代と呼ばれる時代になります。では、旧石器・縄文時代と弥生時代は、どこが違うのでしょうか。これは、最初に確認しておかなければいけません。

旧石器時代にはマンモスやナウマン象のような大型の獣を食べ、それらが絶滅した縄文時代にはイノシシやシカなどの中小型動物を食べていました。いずれにせよ、狩猟、あるいは漁労（漁業）です。これらは、自然界にあるものを食料として、これを人間が獲得するので、採集経済などと呼ばれます。

これに対して、種籾をとっておき、春になったら米を栽培するために田植えをし、そして米を収穫するというように、計画的に食料を生産する経済を生産経済といいます。弥生時代はこの生産経済が本格化した時代だということです。

道具も、「狩猟・漁労の時代」であった旧石器・縄文時代には石器や木器でしたが、弥生時代になると、青銅器・鉄器という金属器が加わってきます。弥生時代が「鉄と米の時代」といわれるゆえんです。

そして、この時代の最大の特徴は、人類の長い戦争の歴史が始まったことです。すなわち、生産経済とともに戦争が始まりました。もちろん、縄文人の遺跡からも、殺された人の骨などが出てきますが、弥生人のそれとは比較になりません。

人間は絶えず「平和、平和」と叫びながらも、恒常的に戦争を繰り返してきました。そのはじまりが弥生時代です。見方を変え

20 ◆ 縄文土器はその表面に縄目（なわめ）の紋様がついていたことから名付けら

れば、人類という生物種が繁栄し、他の生物にはほとんど見られない行動（＝戦争）を始めた時代ということになるわけで、この生産経済が、日本史だけではなく、人類の歴史にとっていかに重要な要素であったかがわかります。

■吉野ヶ里遺跡は軍事的な遺跡だった

では、弥生人はどのような生活をしていたのでしょうか。弥生文化は青銅器・鉄器のような**金属器を使った**こと、**米を生産的に栽培した**こと、などがその特徴とされています。

土器も発達します。縄文土器よりもっと高温で焼いた**弥生土器**が発達し、使用の目的によって形も分化します。色も、黒褐色の縄文土器に比べて赤褐色、赤みがかった土器です。

住居はまだ竪穴住居ですが、**小判型で大型化**します。

考古学としては、遺物・遺跡によって、その時代のことを知るということになりますが、弥生時代になると、集落そのものが遺跡として注目されるようになります。そして、弥生文化とともに戦争が始まったことを、集落そのものが示しているのです。

これを直接的に表すものとして、佐賀県の**吉野ヶ里遺跡**が有名です。写真等でご覧になったことがあると思いますが、**環濠集落**といって、集落の周りに深い溝を掘りめぐらしたものです。私も何度か見学に行ったことがありますが、吉野ヶ里のＶ字型の環濠は、ほんとうに、溝に落ちると骨折するぐらい深く掘り込んであります。そして、おそらく敵が攻めてきたことをすぐに発見できるように、高い**物見櫓**のような建物があったことも確認されていて、いかにも**軍事的な**

れ、弥生土器は発掘場所の東京都文京区弥生から命名された。

遺跡だと実感できるものです。

ここには墓地もあって、富裕な支配者階級と一般人の墓地がきちんと区別されています。さまざまな豊かな装飾品とともに、集落全体が弥生時代をよく物語っているのです。

環濠集落も各地にあります。日曜日などに遺跡公園のようなところへ行くと、弥生時代になって、いよいよ戦争の時代が始まったんだなぁ、ということがわかるでしょう。

■金属器と米作りが二大特徴

さて、弥生文化の重要な柱である青銅器と鉄器のうち、より硬い鉄器は利器、つまり役に立つ道具として使われます。簡単にいえば、これはやがて武器になっていきます。一方、青銅器はどんどん大型化して、非実用的なもの、たとえば銅鐸のように祭祀（お祭り）のための飾り、祭器として使われました。

中国をはじめとする世界のいくつかの地域では、石器時代の次に青銅器時代がきて、その後に鉄器時代がきます。ところが、日本列島には、青銅器と鉄器がほぼ同じ頃に、いわば外来文化として入ってきます。

米作り（水稲耕作）も、これまた中国あたりから朝鮮半島を通ったか、通らないか、学説はいろいろありますが、同様に外来文化として日本列島に入ってきたものです。

また、縄文人と弥生人には、明らかに生物としての人種的な違いが認められるといわれています。縄文人というのは、古モンゴロイド（古い蒙古人種）と呼ばれる人種で、平均身長も私たちよりずっと低かった。一方、弥生人というのは、新モンゴロイド（新しい蒙古人種）といわれていて、縄文人より身長が高く、顔も比較的のっぺりしていたと考えられています。

青銅器・鉄器などの金属器は外来文化ですが、道具だけが空を

飛んできたり、海を渡ってきたりするはずはないので、人（新モンゴロイド）とともに日本列島に入ってきたと考えるのが自然でしょう。米作りも、そうです。

　中国でも、環濠集落のような生産技術にともなう防御的な、いわゆる軍事的集落というものが、米作りとともに確認されています。村の作り方自体も、中国大陸から入ってきた可能性が高いのです。

　新モンゴロイド、金属器、そして米作り。こういう文化が入ってきて出来上がったのが、弥生文化だということになるわけです。

■「ひとつの日本」から「3つの日本」へ

　朝鮮半島を直接の源とする弥生文化は、最初、九州の北部に定着しました。そして、あっという間に広がっていきます。

　米作りの技術は、弥生前期に青森県までは伝わりました。ところが、ついに津軽海峡は渡らなかったらしいのです。北海道でも

岡県の登呂、大阪府の池上、青森県の砂沢など本州各地にある。

米を作っていたのではないかと考える学者もいますが、一般的には北海道には水稲耕作を含む弥生文化は波及しなかったとされています。また、沖縄本島を含む南西諸島にも、この文化は到達しなかったようです。

最近、歴史学者などがよく使う象徴的な言葉を借りれば、この時期、「3つの日本」が成立したのです。教科書などでは、北海道は続縄文文化──今後、変わる可能性もあり、縄文に対して続縄文といういい方はちょっとまずいのではないかと思いますが──と呼んでいます。

沖縄については、少し前までの教科書は、南の島という意味で、南島文化といういい方をしていましたが、現在は貝塚文化と教えています。

このように、弥生時代の日本は、考古学的にはけっして一つではなく、少なくとも本州・四国・九州と、北海道、そして沖縄の3つのブロックに分かれていたことがわかっています。

本来なら、本書でも、北海道史と琉球史(沖縄史)は、完全に独立させて見ていかなければいけないのでしょうが、そうするとページ数が大幅に増えてしまうので、ここでは主に本州・四国・九州を対象とする、一般的な歴史を述べていくことをあらかじめ了解しておいてください。

ただ、受験生たちは「3つの日本」を細かく勉強しておかなければならないということになっています。その意味で、根本に立ち戻って「日本史とは何か?」と問われた時に、それは米を作り、そして天皇を戴いてという、主として本州を中心とする文化圏の歴史だけが日本史のすべてだと思わないこと。これが、今の歴史学の基本的な考え方であり、重要なところです。

近年、岩波書店からシリーズ(全7巻)で出た本など、そのものズバリ、『いくつもの日本』と、タイトルにしているほどなの

◆ 北海道では、7世紀ごろから櫛の歯のような文様が特徴の擦文(さつもん)土

で、本屋さんにちょっと立ち寄ってみると、そのような視点で書かれた本を見つけることができるでしょう。「ひとつの日本」という虚像によって形づくられた日本、および日本文化を問い直す意味でも、ぜひ目を通してみてください。

　これから、仕事や旅行で北海道や沖縄に行く際には、同じ日本の中に、豊かで多様な文化があるのだということを、常に念頭においてください。なぜなら、「3つの文化」は、それぞれが互いに尊重し合わなければならないからです。

器や独特な形態をもつオホーツク式土器が発達した。

テーマ❸ 小国分立
中国の歴史書に登場する日本

■なぜ戦争が起こるのか？

弥生時代になると、生産経済が始まります。そして生産経済が始まると、ついに戦争が始まります。同時に、一つの集団の中に貧富の差があらわれてきます。

なぜ貧富の差があらわれるのでしょうか。1週間分の食料をともかく獲ってこようと、縄文時代のように狩猟で生活しているところに、あまり貧富の差は生じません。もちろん、リーダー的な存在は現れますが、それは旧石器時代にもあったことでしょう。

ところが、物が余るようになった弥生時代は、人の物を奪えば労働しなくてもすむ、ということになるでしょう。ある意味で、余剰物資が生まれる社会というのは、それを守ろうとして防御的な集落を作ると同時に、奪おうとする者がいるから、戦争が起こるわけです。

やがて闘争の論理がはたらいて、自分たちだけでは守りきれなくなると、隣の村との戦争をやめて、手を結んで共同防衛をしようということになります。簡単にいえば、同盟関係を結ぶわけです。

すると、一本の川を使って水田を営んでいたような一つの水系を単位にして、小さな集団が現れてきます。これを小国（小さな国）と呼んでいます。

佐賀県の吉野ヶ里遺跡などは、そのような集落の連合の拠点的な集落だったと考えられています。吉野ヶ里などの巨大な環濠集落からは、そこに食料を蓄えておく高床倉庫が次々に発見されているので、ある程度の期間、戦争ができるようにしておこうとい

◆『漢書』は『前漢書』ともいう。120巻。後漢の班固（はんこ）によって著され

う意図があったことが明白です。

その後、小国のような自然発生的な集団ではなく、まさに国家（nation）と呼ぶにふさわしいような国が誕生していきます。

■中華思想はラーメンの思想にあらず

弥生文化は中国・朝鮮半島を経て、日本列島に生産経済と金属器をもたらしましたが、文化の流入はそれだけではありません。

この時期、中国大陸に最初の巨大国家が誕生します。その巨大な陵墓（始皇帝陵）で有名な**始皇帝**という皇帝が初めて統一した、**秦**という強力な王朝です。この秦に続く統一王朝が**漢（前漢）**で、この秦・漢両帝国の成立が、海峡を越えて、日本列島に大きな影響を与えたのです。

それが、はっきりとわかるのは、中国側の史料に当時の日本列島のことが具体的に書かれているからです。さすがに秦の時代の史料には見られないものの、漢の時代になると——漢はのちに一

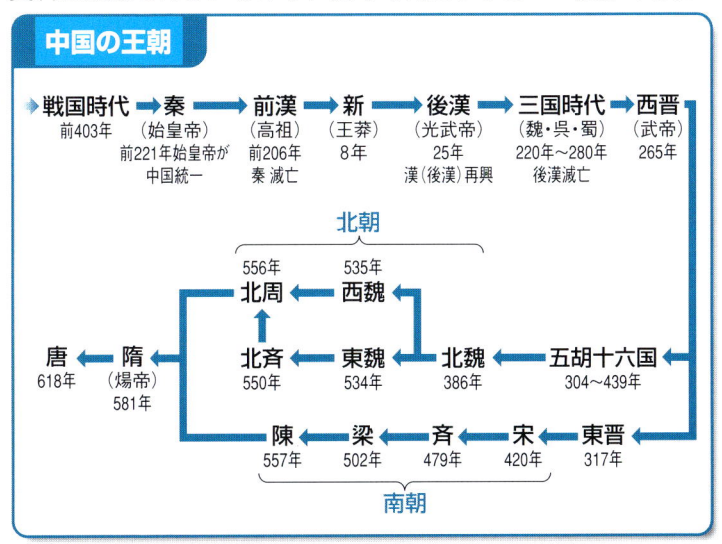

中国の王朝

▶戦国時代 → 秦 → 前漢 → 新 → 後漢 → 三国時代 → 西晋
- 戦国時代：前403年
- 秦（始皇帝）：前221年始皇帝が中国統一
- 前漢（高祖）：前206年 秦滅亡
- 新（王莽）：8年
- 後漢（光武帝）：25年 漢（後漢）再興
- 三国時代（魏・呉・蜀）：220年～280年 後漢滅亡
- 西晋（武帝）：265年

北朝
- 北周 556年 ← 西魏 535年
- 北斉 550年 ← 東魏 534年 ← 北魏 386年 ← 五胡十六国 304～439年

唐 ← 隋（煬帝）581年 ← 618年

南朝
- 陳 557年 ← 梁 502年 ← 斉 479年 ← 宋 420年 ← 東晋 317年

たが、途中で死亡、妹の班昭（はんしょう）に引き継がれ完成した。

回中断して、後漢として再出発する——、漢の歴史を書いた『漢書』や『後漢書』といった、いわゆる**中国の歴史書に、なんと日本列島の様子が記されていた**のです。

中国人は気宇壮大だから、遠い日本のことも書いているのかというと、そうではありません。遠い地域の人々が中国の皇帝のもとに、お土産（貢物）を持って挨拶にやってきた。これを**朝貢**といいます。すると中国の皇帝は、「よくも遠いところからやってきたものよ、偉いぞ」と、その地域の支配を、土産物を遣わした地域の支配者に対して認めてやります。

世界の中心は中国である、という**中華思想**がまさにこれで、日本の政治家がこんなことを発言すると大変なことになりますが、中国人はどうやら、周りはすべて野蛮人だ、と考えているきらいがあるのかもしれません。

たとえば、中国人の中には、すべての物は中国人が発明した、と本気で信じている人がいます。中国人は他人の特許とか著作権を侵害しても、知らん顔をすることが少なくありませんが、それを指摘されると、「火薬を発明したのは我々だ。紙も、印刷術も

中国の歴史書に残る日本

『漢書』地理志	「夫れ楽浪海中に倭人有り……」の記述
『後漢書』東夷伝	倭の使いが朝貢にきて、光武帝が印綬を与えた
『魏志』倭人伝	卑弥呼が朝貢し、金印をもらう
『宋書』倭国伝	倭の五王が宋などの南朝に朝貢 倭王武の上表文が記載されている

◆　金印は1784年に福岡県志賀島の農夫が偶然に発見し、福岡藩主の黒田家に伝え

そうだ。お前たちこそ、特許料を払っていないではないか」と、強く反論するというたとえ話を聞いたことがあります。

このような思想を、一般に**中華思想**と呼ぶのです。けっしてラーメンについての思想ではありません。世界の「中」央の「華」だ、という思想です。華が華であるためには、それを華と称える相手がいないといけないので、当然、周りはすべて野蛮だということになり、これを「夷狄(いてき)」と彼らは呼びます。

そして、中華の「華」と夷狄の「夷」をとって、これを**華夷秩序(かいじょ)**というふうに世界を考えるわけです。この華夷秩序は日本史にもかかわる基本的な概念であり、これからも、そういう話がたくさん出てくるので、よく覚えておいてください。

ともかく、この華夷秩序に基づいて、周囲の野蛮人——南蛮(なんばん)、北狄(ほくてき)、西戎(せいじゅう)、東夷(とうい)——と、東西南北の野蛮人たちが中国に憧れて、お土産を持ってきます。そこで「何年には、こういうやつが来たよ」ということになって、これが中国の公式の歴史書である『漢書』や『後漢書』に載ったというわけです。

■奇跡としか思えない金印の発見

日本史で「最初に年号を覚えようね」と言った時、受験生が「あぁ、いよいよ年号暗記か」と、ため息をつく年号が西暦57年。江戸時代、福岡県の志賀島(しかのしま)で偶然に発見された**金印**が登場する、弥生の中期のことです。

『漢書』地理志(ちりし)に、「夫れ楽浪海中(らくろうかいちゅう)に倭人(わじん)有り、分れて百余国と為る。歳時(さいじ)を以て来り献見(けんけん)すと云ふ」とあり、これが紀元前後の話です。続いて『後漢書』東夷伝(とういでん)になると、「建武中元二年(けんむちゅうげん)、倭の奴国(なこく)、奉貢朝賀(ほうこうちょうが)す。使人自ら大夫(たいふ)と称す。倭国の極南界(きわみなんかい)なり。光武(こうぶ)、賜ふに印綬(いんじゅ)を以てす」という記事が出てきます。

建武中元二年は西暦57年。**倭（＝日本）の奴国の使者が、貢物**

を持って挨拶にきたという、そう、先に述べた朝貢です。そして、その使者に対して、後漢の皇帝・光武帝は印綬（紐付きの印鑑）を与えた、という記事です。

その金印の現物が、江戸時代に今の福岡県の志賀島で発見されたのですから、これは大変な、ほんとうに奇跡でしょう。金印の印文（印鑑の文字）には「漢委奴国王」とありました。「漢の支配下である倭人の中の奴国の王」というふうに、一般的に解釈されています。

倭人の「倭」が、人偏を取った委員の「委」になっているのは、印面の面積が狭かったからでしょう。入試では「ニンベンを取るんだよ」という話になるわけですが、もう一つ、「かんのいとのこくおう」と読む有力な説もあります。これは当時、伊都国という国が九州にあって、そこの国王だろうという説です。

いずれにせよ、九州北部、すなわち弥生文化が最初に定着した地域にいた小国の主が、光武帝に貢物を持たせて使いを送り、「漢委奴国王」という称号を光武帝からもらった、ということです。しかも、その時、与えてくれた金印そのものが江戸時代に発見されたのです。

それから50年後の安帝の永初元年（西暦107年）に、やはり倭国の小国の王たちが共同で使いを出しました。その時、なんと生口（奴隷）160人を貢物として持っていったということも、『後漢書』東夷伝に記されています。

奈良時代にも、アイヌの人々をお土産として中国に持っていっ

◆ 『後漢書』は宋の范曄（はんよう）と晋の司馬彪（しばひょう）によって作成

た例があり、これはおそらく戦争奴隷だろうといわれています。戦争の時代が始まると捕虜が発生するので、その捕虜をお土産にしたのでしょう。このように、ちょうど西暦紀元の前後あたりから、日本の様子が中国の歴史書に出てくるのです。

　ここで、いよいよ文字を使った歴史学が始まるわけです。しかし、このことが中国側の歴史書によってわかったというのは、残念ながら、この時代、**日本にはまだ文字がなかった**ことを意味しています。

　その後、2世紀後半に、日本は**倭国大乱**と呼ばれる戦争の時代を迎えます。中国側の史料、『後漢書』東夷伝によれば、いわゆる『三国志』、魏・呉・蜀の**三国時代**の到来を目前にした後漢の桓帝・霊帝の頃に、「倭国大いに乱れ、更々相攻伐し、歴年主無し」と記されているのです。ちょうど弥生後期に入った日本列島は、本格的な「**戦争の時代**」に突入したということになります。

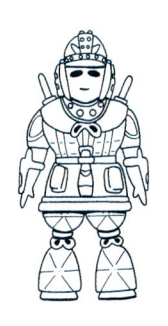

されたもの。120巻。後漢の歴史を記した。

テーマ ④ 邪馬台国・謎の4世紀
卑弥呼はどこにいた？

■邪馬台国はどこにあったか？

生産経済とともに集落が発達し、小国が生まれ、そして戦争が恒常的に行われる。そのようななかで小国家が連合していく。これが、弥生後期に始まった状態だろうと考えられています。

もっとも、その小国家連合の実態はよくわかっていません。ところが、唯一わかっている小国家連合があります。それが**卑弥呼を女王とする邪馬台国を盟主とした小国家連合**です。

中国の歴史書に、この邪馬台国の状況が出てくるのです。すなわち、中国の歴史書『漢書』『後漢書』に続く『三国志』の時代になって、小国家連合の様子がわかってくるということになります。

三国時代の東アジア

高句麗／楽浪／帯方／馬韓／辰韓／弁韓／倭／魏／洛陽／五丈原／成都／蜀／赤壁／建業／呉／東シナ海

新井白石…1657〜1725。江戸時代の朱子学者。6代将軍家宣を補佐し、政治の

後漢が滅んだ後、**魏・呉・蜀**と中国大陸に3つの分立国家が現れます。いわゆる**三国時代**で、後に『三国志』という歴史書が書かれました。このうちの「魏書」の中に、日本列島の状況が記されています。地理的に魏が一番、日本列島から近いからでしょう。そこで俗に、『三国志』の「魏書」の中の日本（倭）にかかわる部分を、日本では**『魏志』倭人伝**と呼んでいます。

　この『魏志』倭人伝だけでも、本が何冊も書けるような研究が江戸時代から積み重ねられてきています。いくつかの説があって、いろいろな解釈がありますが、一番大きな論争が、いわゆる**邪馬台国論争**というものです。

　これは、邪馬台国の位置を論じたもので、大きく**大和（畿内）説**と**九州説**とに分けられます。卑弥呼のいた邪馬台国は「大和にあった」、いや「九州にあった」という論争が、**新井白石**（大和説）とか**本居宣長**（九州説）の江戸時代からあって、今日まで決着がついていません。決着がつかないのであれば、いっそのこと諦めればいいじゃないかとも思いますが、これがなかなか、そうはいかないのです。

刷新（正徳の治）を推進。著書に『折たく柴の記』など。

なぜなら、小国家連合の中から、やがてチャンピオンが現れて、日本で最初の古代国家である**ヤマト政権**が誕生することになるからです。明らかにヤマト政権は、大和（今の奈良県）あたりに中枢部があり、その勢力の下に、すでに本州の主要部分が入っており、その影響力は遠く九州にまで及んでいたと考えられています。だから、ヤマト政権の誕生の前提として、いったいその前はどうだったのか、ということになるわけです。

すなわち、邪馬台国という小国家連合、約30の小国家が連合していたこの**邪馬台国連合**の盟主、リーダーである卑弥呼がいた邪馬台国が大和にあれば、邪馬台国がさらに拡大し、あるいは王朝が代わったとしても、いずれにせよ、大和にあった小国家連合がそのままヤマト政権に成長したことになります。

ところが、九州に邪馬台国の中心と約30の国々があったとすれば、邪馬台国とヤマト政権というのは、直接的にはつながらなくなります。

このように、**邪馬台国論争は、ヤマト政権という日本最初の広域国家の成立にかかわる重大な問題**なのです。

■『魏志』倭人伝をどう読むか？

歴史の学習では、どうしても「何年に何々が起こった」というようなことがつきまといます。「じゃ、その前は？」「すると、その前は？」というふうに、どんどんさかのぼっていって、何しろ

◆ 本居宣長…1730〜1801。江戸時代の国学者。『源氏物語』や『古事記』の研究

骨を探して20万年前、30万年前までもさかのぼろうという学問ですから、ヤマト政権ができた時をもって「歴史」のはじまりとするわけにもいかず、歴史家は「そのヤマト政権の前は？」と考えざるを得ないのです。

そこで、自分のイメージどおりにヤマト政権を説明しようと思えば、大和説と九州説のどちらかを採らざるを得ないということになって、邪馬台国論争は今日まで、専門の雑誌まであるぐらい、続いているのです。

さて、邪馬台国論争にはそういう意味があるのだということを頭に入れておくとして、具体的には、論争のもとになった、朝鮮半島を出発して邪馬台国に至る、その道筋を示した記事の読み方の研究が焦点です。

ここをどう読むかというのが、邪馬台国論争の基本的なポイントなのですが、その続きに卑弥呼による遣使、すなわち朝貢の記述が出てきます。これが、西暦239年の「**卑弥呼の遣使**」で、3世紀前半です。弥生を紀元前3世紀から紀元後3世紀までの約600年間と考えれば、まさに弥生後期、いわゆる**倭国大乱**の時期にあたります。

実は、『魏志』倭人伝にも「倭国は大いに乱れていた」ということが記され、そして、あまりにもこの小国家連合の内部で紛争が多かったので、女性がいいだろうということで、卑弥呼が盟主に立てられた、というようなことも書いてあります。

魏に遣使をした239年、卑弥呼もやはり、金の印鑑をもらっています。その印文は「親魏倭王」であったと、『魏志』倭人伝には書いてありますが、残念ながら、こちらの金印は見つかっていません。というよりも、『後漢書』東夷伝に記された西暦57年の金印が見つかったことが奇跡ですから、今後も見つける術はないでしょう。

を行う。国学四大人の一人に数えられる。

ところが、邪馬台国はその後、隣の狗奴国（くなこく）という国と大戦争をやっていて、卑弥呼も魏に助けを求めたというような記述があります。そして卑弥呼は、その狗奴国との戦争のさなかに死んでいます。

■「謎の4世紀」にヤマト政権が誕生した

　卑弥呼の死後、邪馬台国連合はまた統率が乱れました。男の王が立ったのですが、小国家連合の内部で分裂が起こり、戦争状態に戻ってしまいました。そこで、また女性を立てようということになり、卑弥呼一族の中から、若い娘を盟主に立てました。卑弥呼の後継者とされる倭の女王・**壹与**（いよ）です。

　中国では三国時代の後、**晋**（しん）という王朝が中国を一時的に統一しますが、その晋に壹与とおぼしき倭の女王が遣使したという記述が、晋の歴史書に載っていたという痕跡があります。西暦266年のことですが、記述は十分なものではなく、ここから日本は、いわゆる「**謎の4世紀**」に入っていきます。

　そこから **1世紀以上、中国側の史料から日本の記事が消えてしまいます**。中国に歴史書がなく、あるいは日本のような周辺諸国のことまで書けないような時代になると、私たちは文字で日本の古い時代を探ることができなくなります。これを文学的な表現で「謎の4世紀」といっています。

　歴史ですから、どの時代も謎といえば謎なのですが、「謎の4

『三国志』…三国時代の歴史書。晋の陳寿（ちんじゅ）によって編纂。卑弥呼

世紀」はとくに重要です。なぜなら、この「謎の4世紀」に、朝鮮半島には百済と新羅、さらに半島の北部から中国東北部にかけては高句麗という国があり、これらが大きくなっていくからです。すなわち、東アジアの東側、朝鮮半島、および日本列島に、いよいよ国家が誕生するのが、この4世紀なのです。

　ヤマト政権という広域国家が成立したのは、3世紀後半から4世紀初めであることはほぼ確実です。文字の史料のない時代に最初の国家が現れた。3世紀前半の邪馬台国については、あれほど多くの情報が『魏志』倭人伝で得られるのに、ヤマト政権の誕生については、中国史は文字ではまったく一語も語ってくれない。これは、ほんとうに残念なことです。

　そして、「謎の4世紀」の最大の焦点は、**朝鮮半島南部で作られる鉄**だといわれています。もう一度、弥生時代は「**戦争の時代**」だったということを思い出すと、今でいえば、核兵器を持つか、持たないかぐらいの意味があるわけですから、朝鮮半島南部の鉄をめぐって、朝鮮の地域的な勢力、あるいは日本列島の支配者たちが争ったことは十分に考えられます。

　そして、その鉄の導入——おそらく独占的な導入でしょう——に成功したのが、ヤマト政権だったのでしょう。何しろ中国大陸には、挨拶（朝貢）に行かなければならないような強力な統一王朝がありません。その結果、自分たちで国を守らなければいけなくなって、戦争はますます激しくなり、その中でチャンピオンが現れた。おそらくはこれが、**「謎の4世紀」に百済、新羅、そしてヤマト政権が成立した**大きな背景だろうというのが、一般的な考え方です。

について書かれた『魏書』は『三国志』の一つ。

ヤマト政権
巨大な墓を造り始めた
▶テーマ❺

■注目されている前方後円墳

　世界のいくつかの地域では、ある時期、巨大な墓を造る時代がやってきます。以前、秦の始皇帝陵に登ったことがあるのですが、ただの小高い大きな山でした。エジプトのピラミッド、そして、なんといっても平面積で一番大きいのは、5世紀に造られた大阪府の仁徳天皇陵（大仙陵古墳）です。皆さんも、よく知っておられる有名な古墳ですね。3世紀後半もしくは4世紀に、このような巨大な墓が現れてきます。

　墓の歴史を長々と述べてもしようがないとも思いますが、埋葬の風習では、縄文時代の人々はよく、屈葬といって、折り曲げて葬られています。死者の霊に対する畏れによるものではないかと考えられています。

　弥生時代になると、小国家連合が現れてきたのと軌を一にするように、地域ごとにかなり特殊な墓ができてきます。山陰地方、日本海側には四隅突出型方墳、九州北部では支石墓や甕棺墓、瀬戸内海沿岸にはマウンドをともなったテラス付きの大型の墳丘墓、それから近畿地方から広がっていった方形周溝墓、などなど。そして3世紀後半になると、大和（今の奈良県）に前方後円墳が出現し、それが広い範囲に築かれるようになるのです。

　人、とくに支配者階級の人が死んだ時、どう埋葬したかというのは、考古学上の重要な手がかりになります。何しろ考古学というものは、対象とする時代について、あらゆるものを活用するからです。

　本来なら、古い墓はみんな古墳なのですが、日本史で古墳とい

う場合は、このような3世紀後半から7～8世紀にかけて造られた巨大な墳墓を指します。その中で、とくにその形が注目されているのが、**前方後円墳**という**統一されたプラン**による巨大な墓なのです。

最近では、各地に修復・復元された前方後円墳があります。私も2度ほど、兵庫県の五色塚(ごしきづか)古墳に登ったことがありますが、全面が石で葺(ふ)いてある。石のタイルで覆われています。夕方になると、夕日が輝いて五色に輝くという見事な古墳です。

■箸墓古墳はだれの古墳か？

「古墳を一つだけ覚えるとすると、何を覚えればよいか？」と生徒に問われると、迷わず、奈良県の**箸墓(はしはか)古墳**だと答えます。けっして、大阪府の応神(おうじん)天皇陵（誉田御廟山(こんだごびょうやま)古墳）や仁徳天皇陵のような5世紀の巨大古墳ではありません。

箸墓古墳は、おそらく3世紀後半——後半のどの辺かが難しいのですが——に造られた前方後円墳です。前方後円墳という形がほぼ固まった最初の大きなもので、**出現期最大級の古墳**だとされ

古墳文化の時期区分表

	3C	4C	5C	6C	7C～
	前 方 後 円 墳		➡巨大化	円　墳（群集墳）	
	竪穴式石室			横穴式石室	
(副葬品)	鏡・玉・剣 ➡(司祭者的)		馬具・武具・金銀装飾品 ➡(軍事的・世俗的)	装身具・日常生活品・須恵器	
	円筒埴輪 ➡		形象埴輪 ➡	（東日本や南九州で発達）	
	箸墓古墳[奈良]		大仙陵古墳（仁徳天皇陵）・岩橋千塚(いわせせんづか)古墳[和歌山] 誉田御廟山古墳（応神天皇陵）・新沢千塚(にいざわせんづか)古墳[奈良]		

い、その弟が死亡したため、やむなく即位したという伝説がある。

ています。今の天皇家の先祖と考えられる大王家の発祥の地に近い場所にあります。

この箸墓が現れてから、前方後円墳が急速に伝わっていくわけです。おそらく、その大和に生じた、いわゆるヤマト政権ののちに、「**大王**（おおきみ、だいおう）」と呼ばれる支配者の勢力下に入った地域の支配者たちが、ちょうど箸墓と同じような、しかしちょっと小さめの前方後円墳を築いていったのだろうと——。

時代を追っていっても、大和に築造された前方後円墳と同じ時代の前方後円墳は、すべて小ぶり、小さめに造ってあります。これは、親分がＳベンツに乗っていると、子分はＥベンツに乗り、下っ端は国産車に乗るというふうに、ランクを付けたのだろうと考えられています。それまでは地域ごとに特色のある墓が営まれていたのに、**地域差が消えていき、支配者レベルの墳墓が統一された規格となった**のです。まさに、それがヤマト政権の成立を示すのです。

そこで問題は、「箸墓がいつできたか？」という話になるのですが、これがよくわかっていません。古墳には「何年に造った」とは書いていないからです。早ければ3世紀後半、250年代の早い時期となると、卑弥呼はちょっと古すぎますが、次の壹与の時代ではないかと考えられています。

そして、邪馬台国の大和説（畿内説）をとれば、邪馬台国とヤマト政権は直結することになります。しかし、ここでは邪馬台国論争はひとまずおいて、古墳の分布がヤマト政権の成立を示すことに注目しておいてください。

ちなみに**古墳文化**では、**土師器**（はじき）という弥生土器の系統の赤い色の土器とともに、やがて**須恵器**（すえき）という、外来の朝鮮半島から入ってきた上質の灰褐色の土器も出てきます。

◆ 古墳のまわりには円筒埴輪や家形埴輪がおかれ、副葬品として、前期は三角縁

■実証された倭王武の事績

5世紀になると、古墳は前方後円墳のように巨大化します。第1位は、**仁徳天皇陵**です。百舌鳥古墳群という前方後円墳がたくさん集まった地域の中の盟主で、一番大きいものです。第2位は、大阪府でも奈良県寄りの羽曳野市に分布する古市古墳群の中で一番大きい**応神天皇陵**です。

そして、前方後円墳が巨大化するとともに、中国の歴史書に再び、日本列島の情報が記されるようになります。

三国時代を経て晋となり、その後、中国の北半分は「**五胡十六国**」と呼ばれる混乱時代を迎えました。そこで「謎の4世紀」になってしまったのですが、5世紀には中国の南と北に2つの系統の王朝が現れてきます。これを**南北朝時代**といいます。

その南朝の**宋**という国の**『宋書』倭国伝**が、日本の情報を伝える部分です。例によって朝貢の記事で、「**倭の五王**」と呼ばれるヤマト政権の支配者たちが宋に朝貢し、彼らは漢字一文字で表され、「**讃・珍・済・興・武**」という名で呼ばれていました。

神獣鏡や腕輪、鉄の農工具、中期には鉄の武器、馬具などが多く見られる。　◆ 41

このうち、後ろの3人、「済・興・武」については、「允恭・安康・雄略」という、『日本書紀』や『古事記』など後世の日本の歴史書に登場する天皇にあたる人物と考えられています。済（＝允恭天皇）の息子の安康天皇（＝興）が死んだ後、弟の武が王位を継いで大王となりました。この武が雄略天皇で、日本史における画期的な人物とされます。文字を使った歴史学において、きちんと研究できる最初の人物だからです。

　『宋書』倭国伝には、倭王武の上表文（朝貢の時の手紙）が全文載っていて、ヤマト政権の建設者たちがどのように全国を平定したかということまで書いてあるので、文字でヤマト政権の成立過程を知ろうと思うと、倭王武の上表文を読むしかないということになります。「東は毛人を征する」「西は衆夷を服する」というふうに、ヤマト政権の主が東へ西へと、全国を平定していった過程が書いてあります。

　そして、倭王武は、長い称号を宋の順帝からもらいます。まず、倭王武は、自分の地位を自ら名乗りました。「使持節都督倭・百済・新羅・任那・加羅・秦韓・慕韓七国諸軍事・安東大将軍・倭国王」――。よく地方の実業家のおじさんたちが名刺にたくさんの役職名を並べるように、長い名称を自ら望みました。

　ところが、百済という王朝は、すでに宋に遣使をして、その地位を認められていたので、倭王武に与えられた名称から百済が削られて、「使持節都督倭・新羅・任那・加羅・秦韓・慕韓六国諸軍事・安東大将軍・倭王」となっています。

　これはもちろん、「漢委奴国王」と同じ構図です。倭王武はヤマト政権における地位を中国の皇帝から証明してもらった。そして、朝鮮半島における軍事的支配の正統性を、この称号に求めたのでしょう。

　この倭王武の実名が「獲加多支鹵大王」「大泊瀬幼武」ですが、

◆　稲荷山古墳…埼玉（さきたま）古墳群の一つ。1968年の発掘で鉄剣が出土した。

この実名を刻んだ鉄の剣が出てきました。有名な稲荷山鉄剣銘です。埼玉県行田市の稲荷山古墳から出てきた鉄剣に金で作った文字が埋め込まれていました。文字は115字あり、ここに「獲加多支鹵大王」と読める部分が出てきたのです。

実は、「謎の4世紀」にも金石文や石に書いた史料があって、好太王碑文として知られています。当時、朝鮮半島北部から中国東北部に、日本が敵対国として最も意識した高句麗という強大な王朝があり、この高句麗の好太王という英雄の墓の入口に建てられた大きな石に書かれた文章がそれです。そこには、「好太王は侵略してきたヤマト政権軍を撃破した」と書いてあります。

朝鮮半島でヤマト政権の軍事的な活動が盛んに行われたことは、ほかにもいくつか証拠があって、朝鮮半島における軍事的な指揮・支配権、なかでも**鉄資源の獲得・確保がヤマト政権の王、大王たちの最大の課題であった**ことが示されています。

いずれにせよ、3世紀後半に形成されたヤマト政権は、少なくとも4世紀初めには確実に形を整えて──ただし、沖縄（琉球）や東北地方の北部、北海道は除いて──、今日の日本のかなりの部分をカバーする広域国家として、東アジア世界に登場したのです。

この鉄剣はさきたま資料館に収蔵されている。国宝。

COLUMN 1

文化は進歩するのか？

　縄文土器の縄文というのは、縄目(なわめ)文様ということですが、近年ではたんなる模様というよりも、これを幾何学的な美術的な文様として評価するようになってきました。また、縄文時代の人々は、健康な犬歯を抜いたりします。弥生時代の人々は身体装飾が大好き、ボディペインティングが盛んだったと『魏志(ぎし)』倭人伝(わじんでん)に書いてあります。さまざまな身体の加工をします。歯をわざわざ抜く抜歯はイニシエーション、通過儀礼と考えられています。そこで、「そうなんだ」で終わってはいけません。歴史、その中でも文化というものを考える時には、それを「昔は……だったんだ」で終わらせないことが必要です。そして「古い時代なんだから、私たちよりうんと野蛮なんだ」、あるいは「今の文化のほうが過去より優れているはずだ」と、単純な発想で過去を見ることはやめましょう。1000年後の人が現代人の写真を見たら、「昔の人は野蛮だね。理解不可能」というかもしれないのです。

　現在でも、耳に穴を開けてピアスをしたり、あるいはさまざまな化粧をする。ボディペインティングだって、弥生時代だけじゃない。入れ墨（タトゥー）も盛んに行われている。懸命に、爪に色を塗っている人もいる。身体加工という意味では、私たちもさまざまな加工を施しているわけです。ですから、同じような文化といっても、時代によって違うんだと、そしてそれは必ずしも進歩するとか、後れているといった概念で見るのは間違いだということを、よく肝に銘(きもめい)じておかなければいけないのではないでしょうか。

古代とはなんだろう？

2日目

- タメ口をきいてみたら……
  - 推古朝と遣隋使
- 「日本」と「天皇」の誕生
  - 大化改新・白村江の戦い
- 律令制度は永久に不滅です
  - 奈良時代と律令制度
- 入試は漢文が決め手です
  - 平安前期・文章経国の思想
- 10世紀は大転換の時代
  - 平安後期・東アジアの中の日本

2日目 古代とはなんだろう？

天皇を頂点とする古代の日本

ツボ ▶▶▶

　ヤマト政権は「大王」を頂点とする緩い豪族の連合体でした。5世紀以降、大王による支配は強化されていきますが、6世紀末になると、中国に「隋」という強大な王朝が現れます。隋は無理がたたって滅亡、「唐」に代わりますが、中国に強大な統一王朝が現れると、周辺は緊張します。中国の王朝が支配地を拡大しようとするからです。周辺地域の支配者は、その支配を認めてもらおうとお土産をもって挨拶に行きます。いわゆる「朝貢」です。

　しかし、それだけではすまない。強力な支配体制を構築しなければなりません。日本では、推古朝に聖徳太子を中心とする国政改革。そして、「乙巳の変」というクーデター以降は、中大兄皇子や中臣鎌足たちが孝徳天皇という新しい天皇（大王）を立てて、政治改革を試みます。いわゆる「大化改新」です。

　しかし、危機が訪れます。すなわち、日本が一番頼りにしていた朝鮮半島の「百済」王朝が滅んでしまいます。唐が朝鮮半島の新羅と結んで百済を滅ぼしてしまった。そこで、唐と新羅の連合軍に対して、日本は戦いを挑み、百済再建を目指すのですが、「白村江の戦い」で惨敗を喫するのです。以後は国防を強化することに追われます。

　そんななかで天智天皇（中大兄皇子）が亡くなると、天智の弟の大海人皇子と天智の息子・大友皇子の皇位継承争いから内乱が起こります。「壬申の乱」です。これに勝って天武天皇となった大海人皇子は中央集権を進めていき、その事業は天武の奥さんであった次の天皇、持統天皇の頃に本格化していきます。

　藤原京という最初の都城が築かれ、「飛鳥浄御原令」という中国

は、「律令国家」をそのビジョンとした

風の法律もできますが、文武天皇の時に「大宝律令」ができます。ちょうど701年、8世紀の最初の年です。

日本は遣唐使を送りながら、なんとか中国に「日本」という国の名前を認めてもらおうとします。そして「日本」という国号を認めてもらったのです。ヤマト政権の頃は「倭」「倭人」と呼ばれていたのですが、天武朝〜文武朝の頃に「日本」、そして「天皇」という称号が成立し、天皇を頂点とする律令国家が整備されていくわけです。

しかし、この奈良時代と呼ばれる時代は、桓武天皇の時に大きく変わります。すなわち都は、平城京から平安京に移され、続く平城天皇・嵯峨天皇の頃になると、ようやく中国文化が当時の支配者層に浸透していきます。「弘仁・貞観文化」と呼ばれる中国風の文化が盛んになってくる時期です。律令制度も大きく修正、変更されます。

そして、10世紀以降になると、「摂関政治」と呼ばれる政治方式が定着していくとともに、武士が登場してきます。この10世紀以降の時期の文化が「国風文化」です。そしてこの時期、10世紀頃に、古典的な古代国家、のちの日本につながる古代国家の骨格が出来上がるのです。

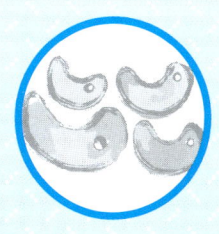

▶テーマ❶ 推古朝と遣隋使
タメ口をきいてみたら……

■大王と朝鮮半島の関係

3世紀後半から6世紀まで、いわゆる<u>古墳時代</u>が続きます。その時期にヤマト政権が成立し、徐々にその支配を強めていきました。

もっとも、<u>ヤマト政権</u>の実体はよくわかっていません。そのトップは「<u>大王</u>（おおきみ、だいおう）」と呼ばれるようになりますが、「大王」の称がいつから使われるようになったかは諸説あって、よくわかりません。おそらく、<u>高句麗</u>の<u>好太王碑文</u>にある好太王のような大王に対して、「おまえが大王なら、俺も大王だ」という形で、名乗りだしたのではないかと思われます。

今日、私たちは、石川、菱田、今川といった氏（姓）と、晶康とか五郎といった名を付けて個人を表しますが、大王だけは、いつの間にか姓がなくなってしまいました。現在まで、天皇陛下には姓がありません。

ということは、皇族が学習院に入学された場合、出席簿は何番目になるのでしょうか？　阿部君より上にいくのか、それとも下なのか。名簿のトップにくるらしいという噂を聞いたことがありますが、よくわかりません。

それはともかく、大王と呼ばれる支配者が現れ、その下に近畿地方（畿内）の奈良を中心とする地域の有力な豪族たちがこれを支えました。その「<u>臣</u>」とか「<u>連</u>」といった称号をもった有力者たちが大王を支えて、いわゆる畿内の政権が全国を制覇したのだと考えられています。

豪族や大王がどのような経済基盤をもっていたかというと、<u>氏</u>

豪族…地方に土着して、そこで勢力をもっている一族のこと。畿内の有力豪族

姓制度(せいせいど)のもとでの私地私民制(しちしみんせい)に従い、私の土地、私の民というふうに、土地や人を支配していたといわれています。ここも学説的には大変やっかいなところですが、各地の親分たちが連合して、その頂点に立ったのが大王だ、と考えておけばいいでしょう。

　大事なのは、**そのようなシステムが朝鮮半島の情勢をめぐって形成された**、ということです。地球上に一つの国だけが存在することはあり得ません。ある国が存在すると、隣の地域も国として対抗する、それが国の歴史というものです。東アジアの場合は、**中華思想**の根源である中国という国がまず核となって、それに周辺地域が**朝貢**(ちょうこう)し、おのおのが国を形成していくというように、互いに連関しながら出来上がっていったのです。

　ヤマト政権もまた、こうして朝鮮半島とのかかわりを強く意識しながら成長していき、6世紀になると、徐々にその支配を地方にも広げていったに違いありません。

はやがて律令制度のもとで高級官僚となっていく。

■ヤマト政権を悩ませた磐井の乱

ところで、卑弥呼の時代を除いて、日本史の教科書に最初に出てくる大事件は、筑紫国造磐井という人物が起こした527年の磐井の乱です。乱の首謀者である磐井は、九州北部の有力な豪族で、その古墳は福岡県の岩戸山古墳だといわれています。磐井がなぜ反乱を起こしたかというと、『日本書紀』には、なんと新羅から賄賂をもらったからだ、と書いてあります。

ヤマト政権軍は、朝鮮半島の情勢を立て直すため、朝鮮に渡ろうとしました。そのヤマト政権軍が畿内を出発して、北九州へ着いた時に、磐井が反乱を起こしたのです。ヤマト政権軍は朝鮮半島に渡り、新羅、あるいは高句麗を攻撃しようとしたのでしょう。

ヤマト政権と百済は、わりと友好的な関係にあり、百済は仏教を日本に伝えたばかりか、さまざまな進んだ文物と技術を日本にどんどん贈り物として送ってきます。これに対して日本は、百済を軍事的に援助するという形で、ヤマト政権の影響力を朝鮮半島で確保しようとしたのです。

新羅は当然、警戒していたでしょう。そこでヤマト政権軍を阻止するため、磐井に賄賂を送ったというわけです。朝鮮半島に派遣する軍隊が内乱によって足止めを食らってしまって、戦況が思わしくないので、物部麁鹿火という人が改めて軍隊を率いて、ようやく乱を鎮定したといわれています。

従来、ヤマト政権の支配は6世紀になって揺らいだと考えられていましたが、近年の研究では、6世紀にようやく国内支配を強化していったのだと変わってきました。その過程で地方の豪族の反乱が起こったのです。吉備地方（岡山県）も度々、反乱を起こしました。磐井の乱も同様の状況で起こったのでしょう。ヤマト政権は徐々に国内支配体制を強めていったのだろうと考えられ

◆　推古天皇…554〜628。第33代天皇。欽明天皇の皇女で、母は蘇我氏。敏達天皇

ています。

538年（552年とも）に百済から仏教が入ってくると、巨大古墳はほとんど造られなくなっていくのですが、逆に有力な地方の農民レベルが小型の円墳を造るようになってきました。これは、群集墳という形で各地に残っています。

そこで、6世紀というのは、ヤマト政権が次の時代に移る過渡的な期間であったとするのが、自然な考え方です。

■ 隋の登場で周辺地域は大きく揺れた

ところが6世紀末、久しぶりに東アジアに激動というか、緊張が走ります。漢以来、しばらく統一された強力な王朝がなかった中国大陸、つまり中華的世界に、隋という統一王朝が現れたのです。中国にこのような強大な強い統一王朝が現れると、すぐに東アジアの歴史自体が大きく動いていきます。

今日でも、中華人民共和国が大きく動けば、必然的に朝鮮半島、あるいは日本列島になんらかの影響が及ぶことは間違いありません。古代においては、それがもっと極端な形で表れたと考えられます。

中華として現れた隋は、領土を拡大していき、侵略を受けることになる周辺地域は、あわてて使いを隋に送ります。ところが、隋にも弱点があって、隣の高句麗という強大な国と戦争しても、なかなか勝てません。隋が戦争を始めたのは、高句麗に奪われていた、かつての漢帝国、すなわち中華帝国の領土を奪い返すためでした。しかし、これがなかなかうまくいかないのです。周辺の国も抵抗します。

以前、北京大学で歴史の先生に、「日本は近代に中国を侵略したけれど、中国の王朝だって、昔にさかのぼれば、隋は高句麗を侵略したじゃないか」と言ったところ、「いや、あれは中華人民共

の皇后であったが、敏達の次の崇峻天皇が暗殺され、即位。

和国の中の内乱です」と、平然と言い返されてしまったことがあります。最近も、高句麗の歴史的帰属をめぐって、韓国と中国が政治的にちょっともめたことがありましたが、そういう時に「あぁ、まだ中華的世界が残っているなぁ」という気がするわけです。

それはさておき、隋の出現で、日本としても、さっそくご挨拶に伺うべきだろうと、久しぶりにお土産を持って朝貢に行きました。それが、**推古天皇**という女性の天皇の時、600年の**遣隋使**です。『日本書紀』など日本側の史料には見られませんが、隋の歴史書**『隋書』倭国伝**にはしっかりと載っています。

ところが、この遣隋使たち、ほんとうに久しぶりに行ったものだから、外交のやり方とか、ご挨拶の仕方をすっかり忘れていて、とんでもない恥をかいて帰ってきたのではないかといわれています。

■聖徳太子は隋との対等外交を示した

その次、607年の遣隋使は、『日本書紀』にも、『隋書』にも記されています。これが有名な、摂政・**聖徳太子**が派遣した遣隋使、**小野妹子**です。

この時、妹子が持っていった国書の中で、なんと中国の皇帝に対して、「日出づる処の天子、書を日没する処の天子に致す、恙無きや」。つまり、「私が天子なら、あなたも天子です」という対等の称号で呼びかけた。**対等外交という毅然たる姿勢を示した**のだといわれています。

聖徳太子は、隋が高句麗との戦いに敗れたことを背景に、その弱みにつけ込んで、初めて「タメ口をきいてみようかなぁ」という姿勢も示します。「帝、之を覧て悦ばず、（略）蛮夷の書、無礼なる者有り、復た以て聞する勿れ」と――。

隋の**煬帝**は激怒しました。ところが、妹子たちを追い返さな

◆ 聖徳太子…574〜622。推古天皇の摂政を務める。父は用明天皇。仏教の興隆に

い。追い返すほど強気に出られなかったらしい。隋からの返事は、「おう、野蛮人、よく来たな」という朝貢形式のものだったらしいのですが、ともかく使節の役目を果たして帰ってきます。もっとも煬帝からの手紙は、帰りがけに取られたとか、落としたということにして、日本の上層部には伝えられず、一応、対等の姿勢を示したということで収まりました。これが、推古朝における外交の一番有名な話です。

　教科書などには、対等外交に成功はしなかったけれども、対等の姿勢を示した、と書いてあります。この推古朝は、隋の登場にどう対抗するかという課題を新たに抱えたわけですが、一方でヤマト政権の古いシステムにかなりガタがきていることを知る時期でもありました。

　もう少し、整備された国家にしていこう。その熱い思いが、聖徳太子による政治、推古朝の新しい政治に反映されていきます。のちの位階制度のもとになる「冠位十二階」を制定するとか、あるいは国の基本とするため、今でも使う憲法という言葉の語源である「憲法十七条」を発布するといったように、**組織された中国風の法治国家を目指していきました**。これが、聖徳太子の時代ということになるわけです。

尽力し、法隆寺や四天王寺を建立したとされる。

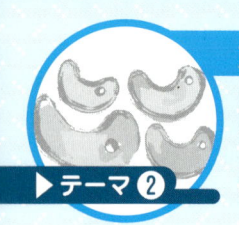

▶テーマ❷ 大化改新・白村江の戦い
「日本」と「天皇」の誕生

■唐の建国と聖徳太子の死

　日本史の勉強というのは、進んでくると、前のところが抜けていきます。100を聞いても、翌日には70忘れます。ほとんど忘れてしまったら、いさぎよくあきらめて、次のように大雑把なことを思い出せばいいのです。

　中国に秦・漢両帝国が現れて、それが日本に伝播（でんぱ）して弥生文化となり、やがてヤマト政権を生み出した。この間、中国が混乱する4世紀、周辺地域に次々と国が現れた。まず、ここを思い出す。

　そして6世紀末、中国に隋という統一王朝が現れると、再び東アジア世界に大きな動きが出てくる。そこで、ヤマト政権は中央支配を強めるだけでなく、中国風の組織だった国家をつくろうとする。この時、聖徳太子に象徴される仏教の導入がなされた、ということになります。

　もう一つ重要なことは、中国（隋）の思想である儒教（じゅきょう）に基づく

中臣鎌足…614〜669。古代の豪族。中大兄皇子らと大化改新を断行。内臣（うち

律令制度を同時に受容していったことで、推古朝はその過渡期にあたるという意味で理解が難しいところです。そして、隋があっという間に滅んでしまったことが、問題をさらに難しくします。隋の滅亡は、巨大な土木工事と高句麗との戦争などによって、国家が疲弊したからだといわれています。

強力な統一王朝を築いた隋があっさり滅亡すると、続いて現れた唐は、緻密な支配体制でさらに強大な帝国をつくっていきます。何事も、最初の人はちょっと無理をして失敗して、2度目の人が成功するというのは、どんな事業でもよくあることですが、唐が世界に誇る大帝国、巨大な領土を持つ国として成長し、強力な国家体制を築いていくと、当然、日本は遣唐使を送ることになるわけです。

秦・漢両帝国が弥生時代にヤマト政権の母体となり、そして隋・唐両帝国によって、日本は新しい国家的システムをつくっていく。すなわち、隋・唐と同じような仏教と律令を基本とする国家をつくっていったのです。敵が持っている武器（仏教と律令）は、自分も持たなければいけない、という論理です。

唐の建国は618年。やがて聖徳太子は死んでしまいます。ヤマト政権の後期になると、渡来人、すなわち百済や中国からやってきた先進技術をもった人たちを組織することに成功した蘇我氏という有力な集団が、政権内で実力を発揮しはじめます。大王たちも、この蘇我氏と強い血縁的なつながりをもっていました。

■大化改新の真相とは何か？

その後、強大な蘇我氏の力をなんとか除外しなければいけないということになって、645年、有名な乙巳の変が起こり、大化改新と呼ばれる政治改革が始まります。これは、日本人が知っている年号の中ではナンバー1かナンバー2の年号ですね。「ムシゴハ

つおみ）として活躍。臨終前に天智天皇から藤原姓を賜る。藤原氏の祖。

ン」とか「ムシゴロシ」とか、いろいろな覚え方をします。

　唐が建国されると、630年には、さっそく**犬上御田鍬**という人が遣唐使として中国に派遣されますが、国内では蘇我氏が独占的な権力をふるって、いざこざが絶えませんでした。

　そこで645年、**中臣鎌足（藤原鎌足）**をはじめとする革新的な人たちが中心になって、**中大兄皇子**がついにクーデターを敢行しました。蘇我氏の本家の当主にあたる**蘇我入鹿**を暗殺し、翌日には隠退していた父・蝦夷の自宅を囲んで滅亡させるという事件です。これを**乙巳の変**といいます。実際には、蘇我氏の分裂とその抗争だったと考えられます。

　天皇は、**皇極天皇**という女性の天皇に代わり、**孝徳天皇**が立ちます。現在、最も多く使われている教科書では、大化改新というのはこの孝徳天皇の時代を指すとされています。

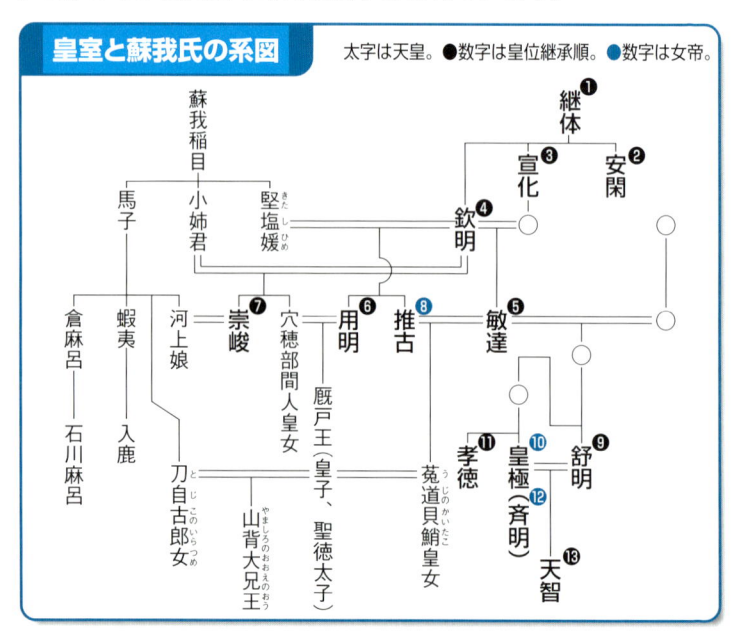

皇室と蘇我氏の系図

太字は天皇。●数字は皇位継承順。●数字は女帝。

56　◆　中大兄皇子…626〜671。のち天智天皇。父は舒明天皇、母は皇極天皇。大化改

クーデターの翌年には「改新の詔（みことのり）」が出て、国家の基本方針が示されます。一言でいえば、中国風の律令国家に移っていくぞ、ということです。そして一方では、日本海側の領土の拡大を図って**渟足（ぬたり）・磐舟（いわふね）の柵（さく）**をおくなど、領土の拡張策をとっています。

■華夷秩序の中に生まれるもう一つの華夷秩序

　このような動きをもう一度、考え直してみましょう。強大な中華帝国が存在する時期、周辺諸国は朝貢に行かなければなりません。朝鮮半島にある王朝はもちろん、日本も唐に**朝貢**します。この場合、日本と朝鮮の王朝は、唐に朝貢する国として基本的には平等な地位に立つのですが、日本としては朝鮮半島の利権を手離すわけにはいきません。

　そこで、なんとか朝鮮王朝の上に立とうとして、かつて**倭王武（わおうぶ）**（雄略天皇）が宋の**順帝（じゅんてい）**から認められた長い称号が示すように（→p42）、朝鮮半島に対しては、自分が中華だという立場をとろうとします。これを**中華小帝国主義**などと呼びます。華夷秩序というものは、難しくいえば、二次的な華夷秩序を生むのです。

　こんなことを言うと怒られるかもしれませんが、東京大学を中心、「華」として周りの大学が「夷」であるとすると、その中で京都大学はどうなるのかという話になります。京大は自分たちこそが「華」だと思っているに違いありません。「華夷」という考え方は、必然的に差別とランク付けを生んでしまい、その「華」があまりにも強く、周りがすべて黙って従っている段階はいいのですが、「華」といっても、完全に軍事的に周辺地域を支配するわけではないので、周辺地域の中で「だれが華か？」という、子分たちの中でのリーダー争いになってしまうことがあります。

　そこで、ヤマト政権の国内における領土の拡大、たとえば東北地方への拡大とか、九州南部への拡大というのは、朝鮮半島の利

権と同じで、大和（今の奈良県）を中心とするヤマト政権にとっての夷狄（いてき）部分になってしまいます。ヤマト政権を「華」とするならば、東北地方や九州南部といった周辺は「夷」なのです。

そして7世紀のややこしい状況として、その外側には、それぞれ北海道と沖縄（琉球）の「2つの日本」が存在するという、複雑な構造になっていました。ここはまず基本的な構造として、**華夷秩序の外側にもう一つの華夷が生まれていく**という、二次的な華夷秩序というものを考えてもらえば大丈夫です。

要するに**日本は、中国を「華」と認めつつ、同時にその周辺地域の中での「華」を目指した**わけです。

■白村江の戦いは重大な対外危機を招いた

孝徳朝は、内部分裂もあったのでしょう、竜頭蛇尾（りゅうとうだび）に終わります。続いて現れたのが、**斉明天皇**（さいめい）という女性の天皇ですが、この人は乙巳の変で退いた**皇極天皇と同一人物**です。一度、天皇の位を退いた人が、再び即位することを重祚（ちょうそ）といいます。

日本史では、女性の支配者、**女帝が現れる時期は激動期**です。中世には「女人政治論」（にょにん）、日本の危機は女性が救うといわれたので、日本の皇室にも女帝が現れると、日本の危機が救えるかもしれません。

斉明天皇はとにかく積極的な天皇で、「今度こそ、私の思ったとおりにやるわよ」と、大土木事業をやります。近年、奈良の飛鳥地方で、石を使った巨大な遺構が次々と発見されています。

彼女は、外交面でも非常に積極的でした。それを如実（にょじつ）に示すのが、660年の**百済の滅亡**に対する日本の対応です。百済は朝鮮半島における日本の友好国でしたが、その百済が、なんと唐と新羅によって滅ぼされてしまったのです。唐は一国で朝鮮半島を制圧するのではなく、新羅を仲間に引き込んで百済をやっつけました。

◆　大友皇子…648〜672。父は天智天皇。壬申の乱で敗れて自殺。明治になって弘

ヤマト政権、日本の朝廷にとって、百済を失うことは、朝鮮半島南部の利権を手放すことを意味します。そこで、百済をもう一度、再建しようとしました。

　百済王は代々、自分の息子などを人質の形で日本に送り、忠誠を誓っていました。斉明天皇は、日本に来ていた百済王の息子を朝鮮に帰して、途切れた**百済王朝を再建させようと、戦争に乗りだす**のです。

　斉明天皇は遠征先の九州で死んでしまいますが、日本軍は海を渡って朝鮮半島に進攻します。そして663年、有名な**白村江の戦いで唐・新羅連合軍に大敗北を喫し、撤退**します。

　まもなく中大兄皇子は**天智天皇**となり、ひたすら国防を重視する政策を打ち出します。**朝鮮式山城**とか、大宰府の北に巨大な防御用の堤防、**水城**を築きました。日本の古代国家はこの時、最初の重大な対外危機に見舞われたといえます。

　そして、天智天皇が亡くなると、天智の息子の**大友皇子**が次の大王（天皇）の地位に就くか、兄・天智を助けてきた弟の**大海人皇子**が皇位に就くか、皇位をめぐる分裂が生まれ、これが古代最大の内乱である**壬申の乱**を引き起こすことになるわけです。

　この白村江の戦いから壬申の乱を経て、ついに「日本」という国と「天皇」という日本の支配者が登場してくるのです。

文天皇として1年間の在位を認められた。墓は大津市長等山前陵。

奈良時代と律令制度
▶テーマ❸ 律令制度は永久に不滅です

■「大王」はいつから「天皇」と呼ばれたか？

　日本史を大きく区分すると、前近代と近現代の2期に分けることが多いのですが、その前近代で**「日本」という国と「天皇」が誕生した**のが、白村江の戦いから壬申の乱を経て登場した**天武天皇**の時期です。

　白村江の戦いの敗北と壬申の乱は、日本史に決定的に影響を与えました。これは、古代史家のほぼ共通した認識のようです。「日本」という国の名、すなわち、それまでの**「倭」**と呼ばれた日本列島主要部の政権が「日本」と名乗りだしたのはいつのことか。そして、「大王」はいつから「天皇」と呼ばれたのか。これは日本史にとっては根本的な問題です。何しろ「日本史」とタイトルが付いているぐらいですから……。

　壬申の乱の結果、**飛鳥浄御原宮**で即位した天武天皇と、その奥さんの**持統天皇**の時期、いわゆる**天武・持統朝**というのはどういう時期であったか。これを一言でいうと、**中央集権化が急速に進んだ時期**だとされます。中央集権化とは、中国風の中央集権体制、律令体制が整っていったという意味です。

　もう一つ重要なことは、天武・持統朝、とくに天武天皇が後世の人々からも明確に**「神」と意識された天皇**であったということです。『万葉集』には「大君は　神にし坐せば」というフレーズで始まる和歌がいくつも載っています。研究者によれば、これはほぼすべて天武天皇を指すのだということです。

　天皇は「大日本帝国憲法」(明治憲法)でも「神」とされました。「天皇は神なんだ」という思想は、もちろん普遍的にいつの時代

持統天皇…645〜702。父は天智天皇。天武天皇の皇后。天武の死後、政治を司

にもあったのですが、明確に「神」と意識されたのは、やはり天武天皇だったということは間違いないようです。

天武天皇は「神」として登場した。そして神であるがゆえに、絶対的な権威をもって中央集権化を一挙に進めた。しかし、天武は、その事業に着手した段階で死んでしまいます。天武天皇の時代といえば、具体的には「八色の姓(やくさのかばね)」といって、豪族たちに真人(まひと)以下、天皇に近い順から8段階の姓を制定したことが知られています。

また近年、有名な和同開珎(わどうかいちん)よりもっと古い段階で、この天武朝にすでに富本銭(ふほんせん)という貨幣を鋳造していたことがわかっています。中国の社会が貨幣を使っているのであれば、日本にも貨幣がなければなりません。

要するに、中国にあるものをすべて自分たちが持つことによって中国に対抗しようとしたのです。ひいては朝鮮王朝や周辺地域に対する**「華」としての建前を、中国風の国家をつくることによって整えていこうとした**のだ、というふうに考えればいいと思い

り、即位。都を整備し、藤原京をつくる。墓は奈良の檜隈大内陵。

ます。

■ **律令体制はこうして完成した**

天武の後、皇后の**持統天皇**が次の天皇の地位を継ぎますが、この時に初めて中国風の首都、都ができます。これが**藤原京**です。694年のことです。

法律、律令法によって国を運営する中国にならって、**飛鳥浄御原令**も制定されます。それ以前にも、天智天皇の時に近江令などができたとされていますが、確証はありません。

こうして首都を構え、法律によって国を支配するという、いわゆる**律令体制**というものが整っていきました。なお、律令が、本家の中国に見せても恥ずかしくない形まで、そこそこ整ったのは、次の**文武天皇**の時代、701年の**大宝律令**です。さらに710年、より本格的な都城を目指した**平城京**、奈良の都が成立すると、ようやく一般的な古代のイメージが整ってくるでしょう。

都ができるということは、地方と都の区別がはっきりつくということになります。通常、授業ですと、ここから生徒が眠りやすくなるところなのですが、もう少し、お付き合いください。

では、律令体制とはどういうものでしょうか。「**律**」は、儒教道徳に違反する度合いが強いものから、死刑以下、段階に応じた刑罰を与えます。簡単にいうと今の刑法ですから、理念は違っても、どこの国にもあるものです。泥棒と放火と殺人というのは、ほぼどんな国でも、違法行為として処罰の対象になります。「律」の特徴は、儒教道徳に照らして、より犯罪性が強いかどうかということです。

一方、「**令**」は、儒教の道徳的な世界観である「徳」をこの世に実現するためのものです。今でも謝罪の場面で、「不徳の致すところ」というように使われますが、この「徳」というものをこ

◆ 文武天皇…683～707。父は天武天皇と持統天皇の間に生まれた草壁皇子、母は

の世で広く広めていって、人々に平和で豊かな生活をさせることが、儒教の理想とする政治観念です。そして、この**天の命（天命）**を受けて、この世に天の理想とする平和な楽園をつくる使命を負った人が「**天子**」、天の命を受けた人ということになります。

よく「天命を待つ」という言葉を使います。また、『朝日新聞』には有名な「天声人語」という長寿コラムがあります。その天の理想とする「徳」を実現するための規則、これが「令」です。基本的にはそれでいいのですが、そこでは整然とした理論的なシス

律令官制表

【中央】

- 神祇官
- 太政官
  - 左大臣（則闕の官）
  - 太政大臣（則闕の官）
  - 右大臣
  - 大納言
    - 左弁官
    - 少納言
    - 右弁官
      - 中務省（詔書の作成）
      - 式部省（文官の人事）
      - 治部省（仏事・外交）
      - 民部省（民政・戸籍・租税）
      - 兵部省（軍事・武官の人事）
      - 刑部省（裁判・刑罰）
      - 大蔵省（財政・貨幣）
      - 宮内省（宮中の事務）
- 弾正台（風俗取り締まり、官吏の監視）
- （五衛府）
  - 衛門府
  - 左右衛士府
  - 左右兵衛府
  〉（宮城の警備）

則闕の官＝適任者がいなければ、闕（欠）けてもいい「非常置」の最高職

テムがつくられるので、きわめてシステマティックな国家というものが法によって規定されます。

中央官制は**神祇官・太政官**という二官の下に、**中務・式部・治部・民部・兵部・刑部・大蔵・宮内**という**八省**の中央官庁が付属します。中務省は天皇の詔勅の作成や暦を作る最も重要な省です。大蔵省は財政の出納を行い、民部省は戸籍を作って民政を

元明天皇。元正天皇は姉にあたる。墓は奈良の檜隈安古岡上陵。

つかさどりました。

■官僚化が進み、五畿・七道が整備された

　一方、ヤマト政権の豪族たちは、その官僚機構として中央官制を支えます。ヤマト政権を構成していた有力豪族は、ほとんどが五位以上、今でいうと国家公務員試験を通った高級官僚という地位に就きます。

　実力でもってヤマト政権を構成していた有力豪族のうち、壬申の乱でその多くが滅亡してしまったのですが、生き残った連中が「大王」を「天皇」にして、その「神」である天皇のもとで、中国から導入した儒教に基づく法を運用する官僚になっていきます。要するに、**官僚化が進んでいった**のです。そして五位以上になると、たぶん、それまで以上の豊かな経済的保障を与えられて、ヤマト政権は律令体制に移行していったと考えられます。

　そして地方は、大和を中心に山城・摂津・河内・和泉、これが今なら首都圏という感じの特別な行政地域で、これを**畿内**、あるいは**五畿**といいます。地方は大きく7つに分かれて、東海道・東山道・北陸道・山陰道・山陽道・南海道・西海道です。

　西海道以外は、すべて都を中心に放射線状に地方を区切っていきます。今のようにぶつ切りに関東甲信越とか、近畿とかと分けません。畿内から全体を7つ（正確には6つ）に放射線状に分けていきます。

　東海道というのは、ちょっとズレますが、今でいえば東海道新幹線の沿線。東山道は、同じく中央線、要するに真ん中の山の地域。そして東日本の海沿い、日本海側を北陸道といいます。中国地方の日本海側が山陰道で、瀬戸内海沿岸が山陽道。四国は南海道。そして九州は、大宰府が支配する西海道ということになります。これを**五畿・七道**といって、基本的な行政区画です。

64　◆　聖武天皇…701～756。父は文武天皇。母は藤原宮子。国政に尽力し、仏教を厚

五畿・七道

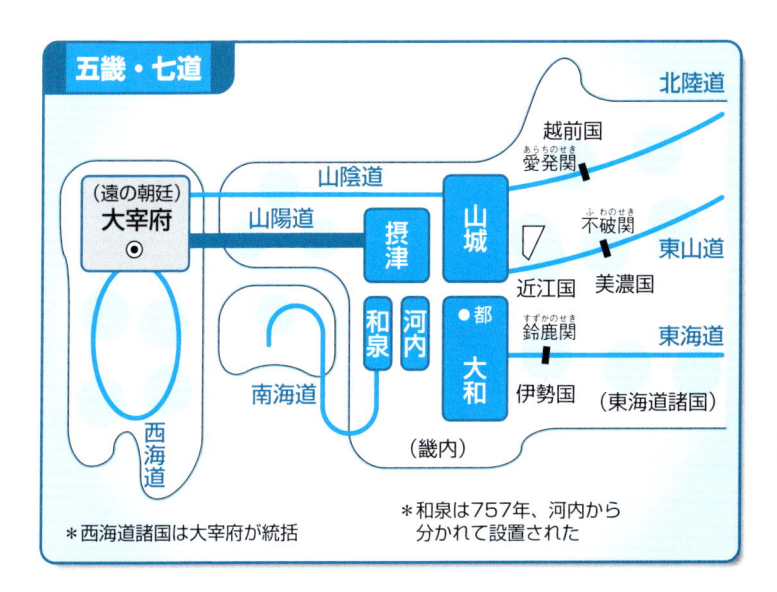

```
                                    北陸道
                              越前国
                         山陰道  愛発関
        (遠の朝廷)            摂  山    不破関   東山道
         大宰府    山陽道      津  城
                                   近江国  美濃国
                              和 河  ●都      鈴鹿関   東海道
                              泉 内  大
                         南海道        和  伊勢国  (東海道諸国)
          西                          (畿内)
          海
          道
                                    ＊和泉は757年、河内から
       ＊西海道諸国は大宰府が統括        分かれて設置された
```

しかし、国域の拡大は、8世紀を通しても、まだまだ華夷秩序に基づいて進んでいきます。

土地・税制なども、中国を参考にして、**班田収授法、租・調・庸**といった税制が徐々に導入されていきます。これが、8世紀における律令の政治ということになります。

そして、その**中央集権的な支配の根幹が戸籍**でした。戸籍を6年に一度、作成する。それをもとに班田収授が行われ、毎年、計帳が作成されて種々の税が課される。この戸籍がなければ、徴兵制が実施できません。正丁（21歳から60歳までの男子）による**国家軍を準備することが、国家にとって何よりも必要だった**のです。

平安前期・文章経国の思想

テーマ❹ 入試は漢文が決め手です

■ **奈良時代に国家仏教が展開された**

8世紀を「**律令の世紀**」などといいますが、要するにこれは、奈良の都の繁栄のもとで律令法が行われた時代と考えられます。

もっとも、律令といっても、中国の律令のままではありません。**律令を日本風に作り直してみたもの**です。たとえば、神祇官という日本独特の官庁を太政官と並べるとか、自国の風土にあったようなものに変えたわけです。ただ、変えることは変えたのですが、それでもなかなか律令は徹底できませんでした。

しかし、律令的な支配が進んでいったのも確かです。このあたり、律令制をどう理解するかというのは難しいのですが、ともかく奈良時代、律令というもので国家が運用されるようになっていったことだけは間違いありません。

一方、**奈良時代**には、**聖武天皇**の時代が象徴するように、**仏教、仏教信仰が国家によって本格的に展開されていきました**。これは奈良の大仏様、いわゆる**東大寺の廬舎那仏の造立**が象徴しています。

個人の魂の救済というような宗教ではなく、国の平和を祈る仏教がまず都で確立します。いわゆる**国家仏教**です。すなわち、蘇我氏のような一部の有力豪族が信奉する仏教が、国家レベルで展開されたのです。この奈良

東大寺…奈良市にある華厳宗の寺。聖武天皇が創建したもので、廬舎那仏が本

仏教が、日本人が古代に描く奈良時代の一つのイメージでしょう。

また、奈良時代には、政治的な争いがいくつも起こります。その中で絶対に忘れてはいけないのが、729年に起こった**長屋王の変**という一種のクーデターです。

この長屋王の変を理解するには、天皇家の婚姻形態を理解しておく必要があります。天皇は一夫多妻ですが、正式の奥さんは「皇后」と呼ばれます。いつからそう呼ばれるようになったかは難しい問題ですが、原則として、天皇（大王）一族の内部の女性、これが天皇の奥さんとして一番ふさわしい。要するに、皇后と呼ばれるような資格のある奥さんと考えられます。

だから、女帝でもかまわないし、**持統天皇**のように天武天皇の奥さんで、しかも持統自身は天智天皇の娘ですから、今でいえば、親戚内における婚姻関係というものが、一番理想の婚姻形態と考えられたのでしょう。

■ 長屋王の変は藤原四子の陰謀か？

そこへ、日本の古代史で最も活躍する一族、**藤原氏**が登場します。もちろん、もともとは**中臣鎌足（藤原鎌足）**が**中大兄皇子（天智天皇）**に協力して、重要な役割を果たしたことに藤原氏の発展の第一歩があるわけですが、息子の不比等が、父親が天皇からいただいた藤原という姓を名乗って、**藤原不比等**と称します。この人が、**大宝律令**・**養老律令**の編纂期における藤原氏、そして政府の中心でした。

藤原不比等が亡くなると、4人の息子、武智麻呂・房前・宇合・麻呂の、いわゆる**藤原四子**が父の跡を継いで、律令の高い地位に就いていました。そして、同じく不比等の娘の**光明子**は、**聖武天皇**の奥さんの一人でした。

尊。現在までに何度か焼失したが、そのたびに再建され今に至っている。

天武系から天智系へ

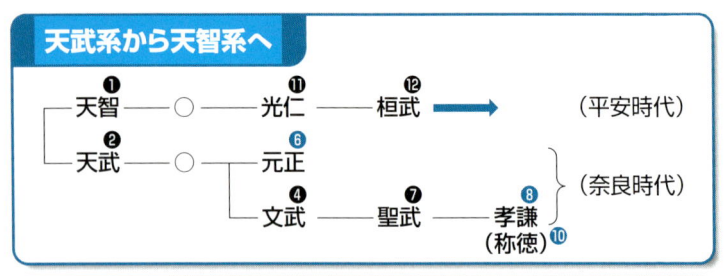

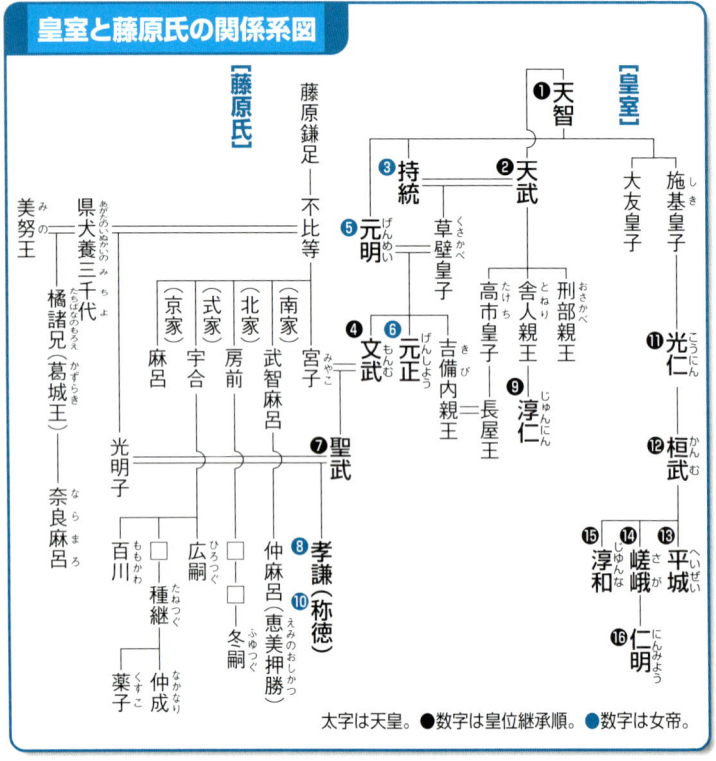

```
┌─ ❶天智 ─── ○ ─── ⓫光仁 ─── ⓬桓武 ──➡ （平安時代）
│
└─ ❷天武 ─── ○ ─┬─ ❻元正                      ┐
                 │                              ├ （奈良時代）
                 └─ ❹文武 ─── ❼聖武 ─── ❽孝謙 ┘
                                         （称徳）❿
```

皇室と藤原氏の関係系図

【藤原氏】／【皇室】

- 藤原鎌足 ─ 不比等
- 県犬養三千代
- 美努王 ─ 橘諸兄（葛城王） ─ 奈良麻呂
- ❶天智 ─┬─ ❷天武 ─┬─ 草壁皇子 ─┬─ ❹文武 ─ ❼聖武
        │   │   └─ ❻元正
        │   ├─ 高市皇子 ─ 長屋王
        │   ├─ 舎人親王 ─ 淳仁
        │   ├─ 刑部親王
        │   └─ 吉備内親王
        │   ❸持統
        │   ❺元明
        ├─ 大友皇子
        └─ 施基皇子 ─ ⓫光仁 ─ ⓬桓武 ─┬─ ⓭平城
                                       ├─ ⓮嵯峨 ─ ⓰仁明
                                       └─ ⓯淳和

藤原不比等の子：武智麻呂（南家）、房前（北家）、宇合（式家）、麻呂（京家）

- 宮子 ─ ❼聖武
- 武智麻呂 ─ 仲麻呂（恵美押勝）
- 光明子 ─ ❽孝謙（称徳）❿
- 房前 ─ 広嗣／真楯…
- 宇合 ─ 広嗣・百川・種継 ─ 仲成・薬子
- 百川 ─ 冬嗣

太字は天皇。●数字は皇位継承順。●数字は女帝。

　その頃、天皇一族の中で権力を握っていたのが、**長屋王**という人でした。長屋王と不比等は、どちらが上というふうに位置付けられないぐらい、その権力は拮抗きっこうしていましたが、ライバルの不

比等が亡くなると、「長屋王政権」と呼ぶ人がいるように、長屋王の地位が政府の内部で非常に高くなりました。

これに危機感を抱いた藤原四子は、長屋王は危険な学、左道を学んでいる、国家をくつがえすような変な本を読んでいる、と罪をでっち上げました。今でいえば、テロリストのノウハウ本を読んでいるみたいな理由をつけて、長屋王一族を滅ぼしてしまうのです。これを長屋王の変といいます。

目的は明らかで、自分たちの妹にあたる光明子を聖武天皇の皇后にしようというものです。強いていえば、皇后にしておけば、万一、聖武が死んだ場合、天皇になることすら不可能ではない、というふうにも考えられます。とにかく長屋王の変が起こった直後、光明子は皇后になります。

その後の詳しい経過は、すべて省略してもいいのですが、この長屋王の変は、藤原氏の出である女性の産んだ男の子が天皇になり、その生母である皇后の実家、すなわち藤原氏が実際の権力を握るという、いわゆる摂関政治というものが可能になっていく最初の条件だった、ということだけは忘れないでください。

なお、藤原氏はそれで順調にいったというわけではなく、長屋王の変の後、藤原氏はいくつかの挫折を重ねながら、やがて天皇をかついで国家の中枢を握っていきます。これが、8世紀の政治で大事なところです。

■天皇の系統は天武系から天智系へ

ところで、この天武天皇の系統の天皇は途切れてしまいます。最後には、聖武天皇と光明皇后の娘である孝謙天皇——重祚して称徳天皇となる——が、道鏡というお坊さんを天皇の位に就けようとする事件まで起こってしまいます。そこで、藤原氏などは新しい系統の天皇をかつぎ出すのです。称徳天皇の次の光仁天皇

で即位した。墓は奈良の田原東陵。

は、天智系の天皇なのです。

　そこで、奈良時代の天皇の系統は、その後の日本の天皇家にはつながりません。壬申の乱に勝った天武天皇の系統がその後の天皇家の血統にはならず、逆に天智天皇の直系、すなわち大友皇子は滅びましたが、天智の子孫がその後の天皇になっていきます。

　その最初が光仁天皇です。光仁天皇の時代はまさにその意味で、奈良時代から平安時代への過渡期といえるでしょう。

　その光仁の息子が桓武天皇で、彼は新しい王朝を開いたという意識が強かったのでしょう、都を移します。奈良時代にも一時、平城京を捨てる時期があるのですが、桓武天皇は平安京、今の京都に都を移しました。

　そして、桓武・平城・嵯峨朝という平安初期に、新しい王朝にふさわしい国家事業が進められていきます。それが、坂上田村麻呂に象徴される領土の拡大、東北地方に対する支配の拡大ということになるわけです。

■出世したけりゃ、漢文をマスターせよ！

　この桓武・平城・嵯峨朝は、もう一つの見方をすると、日本が本格的に中国化していった時代ということになります。律令法を導入するなど、いろいろしたけれど、まだまだ官僚の中に漢文を自由に読める人がいるわけではない。すなわち、法律は全部、漢文で書いてあるわけです。もちろん、手紙もすべて漢文です。

　ところが、さすがに8世紀末から9世紀にかけて、もちろん都の上層部だけですが、漢文をかなり自由に使えるような官僚が現れてきます。そして、漢文・漢詩文を書くことこそが、国家を経営する基本だという文章経国の思想が現れてきます。これは大事な思想で、名門の藤原氏のもとに生まれた男の子でも、漢文ができないと出世できないという時代がやってきます。

◆　坂上田村麻呂…758〜811。武将。大伴弟麻呂の征東副使として蝦夷平定に尽

入試では、「決め手は英語だ」とよくいわれて、私たち社会科の教師ははなはだ面白くないのですが、たしかに今は英語ができなければ、一流会社への就職や官僚への道が険しくなるようです。英語ができるだけで、偉そうにしている連中がゴロゴロいます。

　同じように、前近代という時代は、漢文ができない者はほぼエリートにはなれません。そこで、有力な貴族は、今でいう国立大学にあたる式部省管轄下の大学寮の外に、氏族単位の予備校のような大学別曹というのを作って、子供の頃から漢詩文の勉強をさせたのです。

　このように、平安初期というのは、まさに**漢文が支配者層に浸透していった**時期です。「古代とは？」と聞かれた時に、奈良をイメージする人と、京都をイメージする人に分かれてしまうのは、ここをよく理解していないからなのです。

　当然、最も重んじられたのは、天皇の命で作られた勅撰漢詩文集であり、いわゆる**弘仁・貞観文化**と呼ばれるこの時期の文化は、中国化の進んだ文化ということになります。

　ちなみに、古来、官僚たちはみんな中国風の服を着ましたが、天皇だけは中国風の服装をしていませんでした。天皇が中国の皇帝のような服を着はじめるのは、この平安初期からだといわれています。

　そういう意味で、奈良時代はかえってややこしいのです。天皇は、古墳時代以来、現在の神社の神主さんのような姿をしていたらしい。官僚たちは中国風のランク付けされた艶やかな服を着ていて、天皇だけはまだまだ「神」として日本固有の信仰を表していたのが、ようやく中国風の皇帝になった。これが、まさに平安時代の中国風の天皇のイメージということになるわけです。

力。のち征夷大将軍の職に就く。

▶テーマ❺ 平安後期・東アジアの中の日本
10世紀は大転換の時代

■唐の滅亡で東アジアの秩序が崩壊した

　もう一度、8世紀のイメージを固めましょう。8世紀は「律令の世紀」といわれるように、奈良の都を中心に律令政治が行われた時代です。「日本」という国の名前が中国（唐）に認められ、日本の支配者を「天皇」と呼ぶようになりました。ここをまず、確認しておきましょう。

　しかし、律令は、出来上がった法典の示すままに運用されたかというと、そううまくはいきません。とくに土地・税制などがスムーズにいきません。表面的にはいろいろなシステムを導入できますが、実際の社会・経済は、別の国の制度にコロッと変われるものではありません。

　政治的にいえば、**天武系の天皇が絶え、天智系に天皇の系統が戻って**、平安時代に移っていきます。そして、平安京という都を中心に、より中国風の知識を身につけた官僚が中心となった国家が形成されていった時期。これを9世紀と考えればいいと思います。

　そして次の段階。9世紀末から10世紀にかけて、大きな転換が起こります。例によって、東アジア世界そのものの転換です。前にも述べたように、中国が大きく変わると周辺地域が変わる。この見方でいえば、その第一は907年の**唐の滅亡**です。

　唐の滅亡だけではありません。高句麗が滅んだ後に出来上がっていた**渤海**（ぼっかい）。朝鮮半島を統一した**新羅**。新羅とは奈良時代、外交的にしばしば緊張関係にありましたが、やがて渤海と新羅も滅んでしまいます。

菅原道真…845〜903。平安時代の学者。右大臣まで出世したが、藤原時平の策

これは、**7世紀以来の東アジアの秩序が完全にひっくり返った**ことを意味します。ただ、日本史の特殊なところは、日本だけはひっくり返らないのです。これは、たぶん海を隔てていたおかげでしょう。その余波が日本列島に及んで、王朝が交代するというようなことはなかったのです。

　しかし、日本が、唐や渤海・新羅の滅亡に大きく影響を受けたことは事実です。たとえば、**遣唐使**はすでに894年に、「中国が衰えてきたから役に立たないし、それに危険だ」との**菅原道真**の意見もあって、**宇多天皇**によって停止されてしまいます。

　7世紀の遣唐使は、かなり政治色の強いものでしたが、8世紀には、よくいわれるように中国の優れた文物を日本に持ち帰りました。ところが、唐が後期に入って、晩唐という時代になると、もはや学ぶべきものがなくなってしまった。戦乱も相次いでいる。吸収するべきものはある程度、吸収したということもあって、**遣唐使が廃止された**わけです。

■唐の滅亡後も、中国の文物は入ってきた

　唐の滅亡後、東アジアにはしばらく強力な中華帝国が現れず、「**五代十国**」と呼ばれる時期を迎えます。まさに4世紀に該当するような国際情勢のなかで、日本が変わっていったわけです。

　そして10世紀末には、**宋**という国が現れるのですが、日本政府、朝廷は正式な国交を結びません。しかし、宋の商人は大勢、日本にやってきます。遣唐使が途絶えると、日本は中国の影響を受けなくなった、と以前はいわれたものですが、むしろその逆で、**10世紀末以降、中国の文物はどんどん日本に流入していた**のです。

　いわゆる**日宋貿易**は私貿易の形ですが、あくまでも朝廷がこれを管理しながら、中国から新しいものが入ってきました。このあ

謀により大宰府に左遷された。

たりが、10世紀で大事なポイントです。

そこで、ちょっと入試の話になりますが、一般的な私立大学では「最初の〜」とか、「最後の〜」というのが好きで、たとえば「皇朝十二銭、日本の貨幣の最初と最後は？」といった出題がされます。答えは、和同開珎と乾元大宝。もっとも和同開珎は、「その前に富本銭があるよ」という話になるのですが……。

前回、中国の真似をするのが律令国家だと述べましたが、中国に『漢書』『後漢書』『唐書』といった歴史書があるように、日本にも、それはもちろんあります。

8世紀には、720年に『日本書紀』という日本版の中国風の正史ができます。この『日本書紀』をはじめとして、日本では6つの正史（六国史）が書かれています。その最後が901年の『日本三代実録』です。逆にいえば、『日本三代実録』以降、中国風の歴史書はもう二度と日本では書かれなくなるのです。

■公地公民制が破綻し、戸籍が作れなくなった

律令法典に付属するものとして、大事なのが格式です。「格」は、律令で足りなかった部分を補ったり、変更したりする場合の法律。「式」は、施行のための細かい規則です。格式は弘仁・貞観・延喜と3代にわたって編纂され、律令運営の基準となったのです。927年の『延喜式』という膨大な法典が、その最後のものとなります。

すなわち、法典編纂として試みられた近江令・飛鳥浄御原令・大宝律令・養老律令ときて、その後、格式の整備が進んで、その整備も927年で終わりを告げたのです。律令法の制定という意味でも、最後の時期ということになります。

さらに、国家がすべての土地を管理するという建前のもと、6歳以上の男女に一定の基準で土地を配り、それを生活の基盤にさ

◆ 六国史…8世紀から10世紀初めにかけて勅撰された正史。『日本書紀』『続日本

せて**租・調・庸**という税金を取るわけですが、すでに奈良時代に行きづまりを見せていたこの体制は、平安後期に**戸籍制度が完全に行きづまり**、もはや戸籍が作れなくなって崩壊してしまいます。

今日でも国勢調査というのは、そう毎年できるものではありません。すべての人間をきちんと把握するのは、近代国家においても難しいことです。

前にも触れましたが、中央集権国家の根幹は、この戸籍制度です。戸籍制度の整っていない国というのは、どれほど強力な支配体制を整えても、自分の支配している領土の中に人間が何人いるかわからないわけですから、「**中央集権国家＝戸籍による国家**」と断言してもいいでしょう。これらが緩み、崩れてきます。

律令の税制は、男にきわめて重いものでした。出来上がった時点で、矛盾があったのです。そこで、子供が生まれると、男の子でも女として届けてしまう。人口のうちのほとんどが女という戸籍がたまたま残っていますが、これは**偽籍**といって、当時の人々が脱税というか、減税のためにそうしたとしか考えようがありません。

このことが象徴するように、戸籍制度に基づく**班田収授**も当然、不可能になります。そして902年が、最後に班田の命令が出た年とされます。

さらに、先ほど述べたように、お金を作るという鋳銭事業も、国家にとっては基本です。貨幣制度が整っていない近代国家などというのは、ありません。そして、律令政府が自らお金を作ったのは、958年の乾元大宝が最後です。

■古典的古代国家が出来上がった

ところが、何から何まで「最後の〜」だと、これでは地球滅亡

紀』『日本後紀』『続日本後紀』『日本文徳天皇実録』『日本三代実録』。

みたいに日本は破滅することになるわけで、そういう時期というのは必ず、「最初の～」が出てきます。

たとえば、「もっとちゃんと税金を取れよ」ということで、最初の**荘園整理令**。あるいはまた、「もう漢文の時代じゃないよ。和歌が日本の魂だよ」、そして「和歌こそ国家支配の基本だ。日本人なら和歌を詠め」ということで、最初の勅撰和歌集**『古今和歌集』**が905年に成立します。平安前期は勅撰漢詩文集でしたが、これが勅撰和歌集の時代になったように、10世紀には国が大きく転換してきます。

このようにして出来上がった10世紀の古代国家の枠組みを**古典的古代国家**と呼ぶ古代史学者もいます。そこでまず、この古典的古代国家がどのような国だったか、図で簡単に総まとめ。10世紀を基準に古代国家の成立状況を見ておきましょう。

1	**五畿・七道**を中心に、日本という国の領域がほぼ決まった（もちろん、北海道と沖縄は入らない）。
2	**天皇**は常に**国の核**である。そして摂関政治であれ、院政であれ、武家政権であれ、常に天皇の権力を**代わりに誰かが握っていく**という国家体制が出来上がった。

◆ 宇多天皇…867〜931。父は光孝天皇。藤原基経死後は関白をおかず、政治改革

3	漢文を受容したが、ヤマト言葉が生き残って、漢字を使いながら、仮名を併用するという今の**日本語の表記法**ができた。支配のための法律などはすべて漢文で、ヤマト言葉と漢文がある意味では併存した。
4	日本人の好きな**「家」という制度**がほぼ固まった。氏から家へと意識の変化があった。
5	神と仏が融合し、神様と仏様の区別がつかなくなった。今でも初詣は神社へ、葬式は仏教で、結婚式はキリスト教の教会で、ということになる。**複合した宗教を受け容れる**、いわゆる神仏習合という宗教意識がほぼ固まった。

　ほかにもまだあるのですが、大体これをもって基本的な日本の古典的国家、長く続くことになる古代国家が出来上がったと考えるのが、現在における古代史のオーソドックスな結論ではないでしょうか。

に努力した。

COLUMN 2

神も仏もみなオッケー？

　古典的な日本の古代国家が成立した10世紀に、神も仏も、いろいろな宗教を受け入れていくという、日本人の宗教に対する態度がほぼ固まったのだという部分があったのを覚えているでしょうか。

　仏教が伝わる以前から日本で育まれていた神に対する信仰と、仏教信仰が合わさった状態を「神仏習合（しんぶつしゅうごう）」といいます。キリスト教も、やがて日本には入ってきます。

　そして現在でも、私たちはしばしばこのような状況に出くわします。結婚式は、神主（かんぬし）さんに祝詞（のりと）をあげてもらって神社で挙げた。神前結婚式といいますね。結婚式には仏式もありますし、教会で挙げるものもあります。初詣には成田山新勝寺（なりたさんしんしょうじ）や明治神宮に出かけよう。おじいちゃんが死んだら、お坊さんがやってきて、仏教式の葬式が行われた。そして何よりも、クリスマスやバレンタインは大事なイベントとして守っていきたい。クリスマスプレゼントを忘れたら、多くの若者は彼氏、彼女と大喧嘩でしょう。

　しかし、よく考えてみると、バイブル、『聖書』は読んだことなんかない。もちろん、仏教の経典も読んだことはない。神官の祝詞は意味もわからない。

　それでもイベントは大好き。たくさんの宗教的な行事に参加して、これを大事に守ろうとします。このような日本人の宗教に対する感覚というものも、まさに10世紀頃には固まっていったというわけです。まったく「神も仏もあったもんじゃない」ということでしょうか。

武家政権の時代

3日目

将軍は武士にあらず
鎌倉時代の公武二元的性格

食わせてやるから、命をあずけろ！
鎌倉幕府の成立

天皇が二人いる!?
南北朝・室町幕府の成立

遠くの親戚より、近くの他人
応仁の乱

3日目 武家政権の時代

「御恩と奉公」の封建的主従関係

ツボ ▶▶▶

　3日目はいよいよ中世です。具体的にいうと、鎌倉幕府・室町幕府の時代です。

　鎌倉幕府を開いたのは、もちろん源頼朝ですが、彼は自分の従者、自分に忠誠を誓う従者に「御恩」を与えます。これは主として経済的な保障のことです。要するに「食わせてやる」と、生活を保障する。その経済的な保障は、基本的には「荘園・公領制」と呼ばれた当時の土地・税制を前提に行われたものです。「御家人」と呼ばれた従者は、将軍から「御恩」をこうむるわけですが、その代わりに主人である将軍の命令に従って軍事的な奉仕を義務づけられます。生命を投げ出して戦わなければなりません。この従者が負う義務が「奉公」です。この「御恩と奉公」で結ばれた関係を「封建的主従関係」と呼びますが、鎌倉幕府・室町幕府、そして徳川幕府も、基本的には封建的主従関係を前提とした政権です。

　鎌倉幕府に続く室町幕府、これもまた同様に足利将軍家と従者の封建的主従関係によって成り立っていますが、この鎌倉から室町に移る過程で一時、後醍醐天皇による「建武の新政」という天皇の直接政治が行われます。しかし、これは独裁に陥ったためにすぐに崩壊し、足利尊氏は、自分を征夷大将軍に任命してくれる天皇を擁立して室町幕府を開きます。

　ところが、後醍醐天皇がこれに対抗して、あくまでも「自分こそ天皇である」と主張したので、いわゆる「南北朝の対立」という2人の天皇が同時に存在する時期がやってきます。

　この南北朝の対立は、足利3代将軍・義満によって「南北朝の

が、武士の世の繁栄をもたらした

合体」が成功し、解消されます。義満は日明国交を開始し、そして勘合貿易が始まります。

しかし、そのような足利将軍の権威は、義満以後、あっという間に失墜していきます。そして「応仁の乱」以降、15世紀後半に入っていくと、将軍家だけでなく、あらゆる伝統的な権威が否定されていく、いわゆる「下剋上」という状況が現れてきます。全国的な戦乱が続き、人々はさまざまなレベルで、地域的な団結を重んじるようになります。室町幕府の支配を担っていた守護大名と呼ばれた権力者たちも下剋上の波にさらされ、没落する者も相次ぎます。そのような中から、実力で一国を支配する戦国大名が登場するのです。

この戦国大名の強い支配力を象徴するのが「喧嘩両成敗法」です。喧嘩が起こった場合、「どちらかが悪いのか、両方ともに非があるのか」などということに関係なく、争った者は両方とも処罰する。徹底した実力支配、強力な家臣団統制を象徴する法でした。そして、この戦国大名たちの中から、織田信長・豊臣秀吉という天下統一を目指す人物が現れてくるのです。

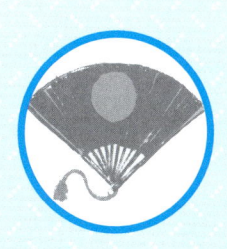

テーマ① 鎌倉時代の公武二元的性格
将軍は武士にあらず

■平将門と藤原純友が中央政府を震撼させた

　前回、10世紀が日本の歴史の大きな転換点であり、これでようやく「日本」の古代国家の枠が決まった、と述べました。もう一度、確認しておきましょう。

　現在、漢字と平仮名を使った文章を書くのが一般的です。メールを使っている若者も、やはり漢字を使っています。また、結婚式では「○○家、△△家、両家結婚式披露宴」というように、個人の婚姻ではなく、「家」というものを重視する人も多い。

　そこで次に、10世紀に新しい流れが出てきたという話に移りましょう。その一つは、武士が社会の表舞台で活躍する時代になってきたことです。武士の反乱の先がけとなったのが、承平・天慶の乱と呼ばれる、平将門と藤原純友が東西でほぼ相呼応するようなタイミングで起こした大反乱です。

　なぜ同時に大規模な反乱が起こったか。いろいろな説があるのですが、10世紀になって、口分田を班給したうえでの租・調・庸という律令の土地・税制が、戸籍制度の弛緩などによって行きづまったからだとするのが有力です。

　もう戸籍を作って、一人ひとりを把握するのは不可能。でも、税金は納めてほしいということで、実際に耕作されている土地（水田や畑）を対象に税金をかけていくようになります。これは、うまい方法ですよね。人間と違って、土地は逃げないし、ウソもつかない。そこで、人間単位に賦課していく人身賦課をやめて、土地単位の土地賦課に転換していきます。土地・税制も大転換したのです。

◆　平将門…？～940。平安時代の武将。下総を本拠地として勢力をふるい、「新

では、転換する前はどうだったか。そこがポイントです。国家財政が破綻する、あるいは税制が緩むということは、今でいえば、国民は国に税金をあまり取られなくてすむということだから、民間に活力が残ってしまうことになるわけです。

　ところが、土地課税にすると、広大な土地を経営する人たち、脱税して富裕を誇っていた人たちが、すべて課税対象になってくる。これが全国的に有力者、武士層の不満をつのらせることになり、大規模な反乱の経済的背景になったという説があるのです。

　ともかく将門と純友の反乱によって、日本は一時、地方の武士が広い地域を完全に支配してしまいました。とくに将門は、「**新皇**（新しい天皇）」と名乗り、これは古代国家にとっては根本的な、驚愕すべきことだというので大問題になりました。また、西日本からの税収に頼っていた当時の京都の政権は、純友の乱でそれが入ってこなくなったことで、経済的にダメージを受けたといわれています。

■藤原氏の摂関政治が始まった

　その後、関東で最大の反乱となる**平 忠常の乱**、東北地方で**前九年の役**と**後三年の役**、あるいは**源 義親の乱**が起こります。

　これら武士団の反乱は、中央政府が平定するのではなく、最終的に源頼朝が完全に武力で日本のトップに立つまで、大きくいえば武士団の反乱は武士が平定するのです。中央政府が委託した武士が平定していきました。戦いが次から次へと繰り返されるなかで、最後に勝ち残ったのが頼朝だと考えてしまえば、10世紀以降の流れの中から鎌倉幕府が登場するという大きな流れがつかめると思います。

　もちろん、そこで活躍したのは天皇の子孫で、名字のない天皇家を離れて、名字をもらって「源」、あるいは「平」という姓を名

皇」を称した。平貞盛らに討たれる。

乗った清和源氏や桓武平氏が、その中心的な役割を果たしたわけです。

天皇の一族であることをやめ、氏の名をもらって臣下となる、臣籍に入るということは、しばしば行われました。賜姓といって姓を賜るのです。中臣鎌足が「藤原」姓をもらって藤原鎌足となるのと同じですが、天皇家から別れた武家が、結局、政権をまた握っていくわけです。

古典的古代国家の枠組みの中で、天皇の権威を基本にして、武士が政権を取った場合も、やはり、この天皇家から出た皇親勢力の一種である、武門・武力を専門にする連中が戦いの中で主導権を握っていった、というのが大事な視点です。

一方で、やがて藤原氏の中の主流が固まっていって摂関家が確立すると、その当主、藤原氏の「氏の長者」と呼ばれる人物が、実際の権力を天皇に代わって執行する摂関政治が行われます。

そして、天皇を中心とする都の政治においても、やがてこの摂関政治に代わって、**自ら政治を行う天皇が現れます**。これが、11世紀後半に現れた後三条天皇です。

■後三条天皇が荘園・公領制を準備した

摂関政治というのは、天皇のお母さんの実家である藤原氏の中心である摂関家が、天皇が子供の時は摂政、天皇が大人になった後には関白という地位を天皇から依託されて、天皇に代わって国政を握るという政治です。しかし、摂関家の娘が天皇の男の子を産まなければいけないという、不安定な条件をともなう政権でもありました。

その摂関期の絶頂期に現れたのが、藤原道長です。「御堂関白」と呼ばれた、日本史上でも屈指の絶対的な権力者です。道長は、息子の頼通に跡を継がせて、摂関政治の最盛期を継続させま

すが、頼通の娘はなかなか男の子を産んでくれない。

そこで、ついに後三条天皇という、摂関家を外戚（がいせき）としない天皇が登場します。後三条は自ら政治を行いました。この後三条親政で大事なところは、なし崩し的に乱れていた当時の土地・税制を整理したことです。

後三条天皇は**延久の荘園整理令**（えんきゅうのしょうえんせいりれい）という法律を出して、**記録荘園券契所**（きろくしょうえんけんけいしょ）という役所を置きました。そこで何をしたかというと、国に税金を納める土地と、荘園領主と呼ばれる高級貴族や大きなお寺・神社などの私的な土地経営者に対して税金を納める土地とを、書類審査によってはっきりと区分しました。つまり、前者を公領、後者を荘園と区分して、**荘園・公領制**（しょうえん・こうりょうせい）と呼ばれる土地・税制を整えたのです。

■院政の開始と平氏政権の成立

ところで、後三条親政の後、天皇主体の政治が続いたわけではありません。続く**白河天皇**（しらかわ）は、引退して**上皇**となった後も権力を握り続けて、いわゆる**院政**（いんせい）が始まります。**白河・鳥羽・後白河**（しらかわ・とば・ごしらかわ）と、天皇の父親、祖父、あるいは伯父という立場の上皇が、天皇に代わって権力を掌握するのです。

天皇家の中のトップが政権を握る、これが院政です。そのトップが**院、上皇**ですが、上皇になったからといって、必ずしも院政が行えるわけではありません。**天皇家の中の権力を握った人物が、子供、あるいは若い天皇を立てて実際の権力を握る**、これが院政の実態です。

叛乱を起こしたが、鎮圧された。

院政期になると、それまで摂関家と結びついて活躍していた清和源氏に代わって、桓武平氏の中でも伊勢平氏と呼ばれる一派が台頭してきます。平 正盛、忠盛、清盛。そして伊勢平氏が台頭してくると、源氏と平氏の間では、武家のトップの地位をめぐって争いが激しくなります。

　ここに天皇の位をめぐる天皇家内部の争いがからみます。鳥羽上皇が死ぬと、次の政権を後白河天皇が取るのか、すでに天皇をやめていた崇徳上皇が取るのか。要するに、天皇家の主導権争いに源氏と平氏の武士がからみ、なんと武力で決着をつけることになってしまうわけです。源平の武士が入り乱れ、天皇方（後白河側）と上皇方（崇徳側）の敵・味方に分かれて戦いました。これが、1156年の保元の乱です。

　教養としての日本史といっても、やはり年号はところどころ覚

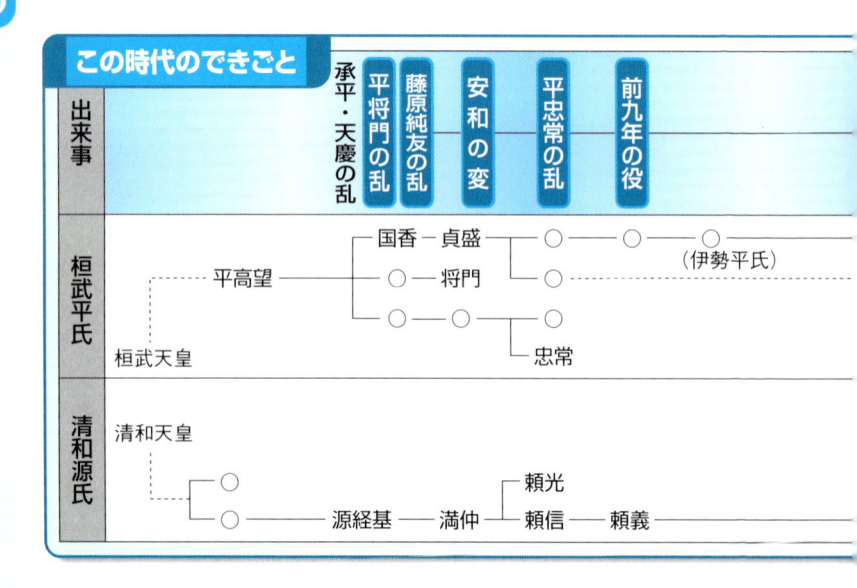

この時代のできごと

出来事		承平・天慶の乱	平将門の乱	藤原純友の乱	安和の変	平忠常の乱	前九年の役
桓武平氏	桓武天皇 — 平高望 — 国香 — 貞盛 — ○ — ○ — ○（伊勢平氏）／○ — 将門／○ — ○ — ○ — 忠常						
清和源氏	清和天皇 — ○／○ — 源経基 — 満仲 — 頼光／頼信 — 頼義						

後白河天皇…1127〜1192。父は鳥羽天皇。天皇退位後、院政を行う。法皇にな

武家政権の時代 3日目

えておいてほしい。保元の乱は、後世の人々にとって「乱世」のはじまり、「武士の時代」のはじまりと認識されているので、ちょっと予備校的になりますが、ここはゴロ合わせ、「いいゴロ（1156）合わせ、保元の乱」と覚えておいてください。

この戦いに勝利したのは、**後白河天皇**と**平清盛**、**源 義朝**です。ところが今度は、勝った義朝と清盛の「どちらがトップなんだ？」ということになり、院の私的な家臣、院近臣と呼ばれるグループもまた二手に分かれて、保元の乱は副次的な反乱、内乱を起こします。それが、1159年の**平治の乱**です。

この平治の乱は、最初、義朝が優勢でしたが、都の戦闘を制し、最後に勝利を収めた**平清盛**が、やがて後白河院政までストップさせてしまい、**武家政権という意味では最初の政権を打ち立てます**。これが、いわゆる**平氏政権の成立**になるわけです。

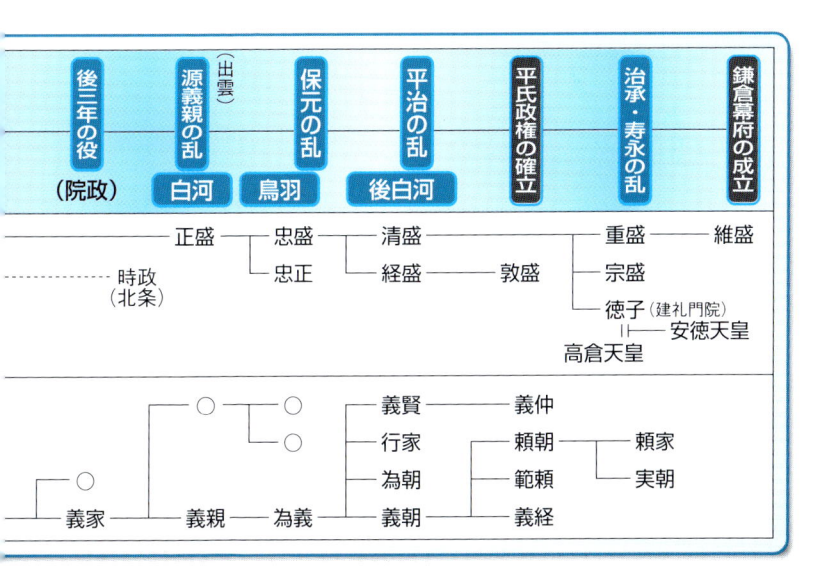

後三年の役	源義親の乱(出雲)	保元の乱	平治の乱	平氏政権の確立	治承・寿永の乱	鎌倉幕府の成立
(院政) 白河		鳥羽	後白河			

```
                正盛 ─ 忠盛 ─ 清盛 ─────── 重盛 ─ 維盛
                       └ 忠正   └ 経盛 ─ 敦盛   宗盛
─── 時政                                        徳子（建礼門院）
    （北条）                                      ‖ ── 安徳天皇
                                              高倉天皇

    ○ ┬ ○           義賢 ─ 義仲
      └ ○           行家   頼朝 ─┬ 頼家
                    為朝   範頼   └ 実朝
○ ─ 義家 ─ 義親 ─ 為義 ─ 義朝 ─ 義経
```

ってからは造寺などに励み、『梁塵秘抄』などを編纂した。

鎌倉幕府の成立
テーマ❷
食わせてやるから、命をあずけろ！

■ 源平合戦の勝者と敗者

　いよいよ中世、鎌倉武家政権の誕生です。10世紀以降の動きの中から、武家が全国政治の主導権を握る時代がやってきました。1177年、平清盛は、平氏打倒のクーデター（鹿ヶ谷の陰謀）を抑え、その2年後、後白河法皇を幽閉し、独裁政権を確立します。

　ところが、すぐに後白河の息子・以仁王が反平氏の旗をあげ、戦いには敗れたものの、「清盛を討て」という命令を全国に発します。そこで平治の乱に敗れて、流罪になっていた源氏、源頼朝らが登場してくる。その結果、起こった戦争を治承・寿永の乱といいます。いわゆる源平合戦のはじまりです。

　伊豆の蛭ヶ小島にいた流人の源頼朝は、以仁王の令旨（文書）を受け取ると、近辺にいた武士たちを集めて、清盛の部下であった伊豆国の目代（管理責任者）、山木兼隆を殺し、反平氏の烽火をあげます。

　さらに頼朝は、奥州平泉からやってきた弟・義経の協力を得

88　◆　源頼朝…1147〜1199。鎌倉幕府初代将軍。後白河法皇没後の1192年、征夷大将

源平の争乱と鎌倉幕府成立

【1180年】「山木討ち(伊豆)」(頼朝の挙兵→伊豆国の目代・山木兼隆を討つ)
❶「石橋山の戦い(相模)」(頼朝敗北→安房へ逃げ、上総・下総で武士を集めて立ち直り、鎌倉に入る)
❷「富士川の戦い(駿河)」(平家軍を破る)
【1183年】❸「砺波山(倶利伽羅峠)の戦い(越中)」
(源義仲〈木曾義仲〉が平家軍を破る)
【1184年】❹「一の谷の戦い(摂津)」
【1185年】❺「屋島の戦い(讃岐)」(源義経が平家軍を破る)
❻「壇の浦の戦い(長門)」(平氏滅亡)
【1189年】❼奥州藤原氏滅亡

ながら、義経と同じく弟の**範頼**、この2人に軍隊をあずけて京都に攻め上らせ、都を制圧します。平氏は都から逃げ出し(**都落ち**)、西国へ落ち延びていきます。

その後、平氏は再び勢いを盛り返して、京都に迫ってきました。これを**源義経**が、摂津の**一の谷の戦い**で海に追い落とし、讃岐の**屋島の戦い**でさらに平家軍を破り、ついに1185年、長門の**壇の浦の戦い**で平氏を滅亡させます。

義経は典型的な、いわゆるストリート・ファイトを得意とする戦争の天才ですが、政治力に欠けていたのでしょう、やがて兄・

軍に任ぜられて鎌倉に幕府を開き、武家政権を確立した。

頼朝に排除されて、没落します。この義経を一時はかくまったのが、「黄金の文化」で有名な奥州平泉の藤原氏。その藤原泰衡も、頼朝軍に攻められて滅亡します。

源平合戦から奥州合戦をへて、ついに武家政権のトップに立った頼朝は、後白河院政の内部で一定の権力、すなわち東日本、東国政権の権力を奪いました。

■ 源頼朝の権力の源泉は何か？

では、源頼朝の権力の源泉とは何でしょうか。これはもちろん、戦いに勝利することですが、その戦いには大義名分、国家的な正当な目標がなければ、単なる私闘になります。頼朝は、平清盛のクーデターによる「違法な清盛政権を倒す」という名目で、戦争を仕掛けました。

そして戦ったのは、頼朝の部下たちでした。彼らがなぜ戦ったかというと、自分たちの支配する土地の権利を、頼朝が保障してくれたからです。不安定だった生活基盤が安定したものになりました。これを本領安堵といいます。

このように、主人が従者・部下に対して経済的な保障を与えることを御恩といいます。その代わり、御恩を受けた家人、尊称の御を付けて御家人と呼ばれる彼らは、主人の命令に従い、無条件で命を投げ出して戦わなければいけません。これを奉公といいます。

土地を支配する地頭職などの現地における土地支配の権利を保障され、功績があれば、新しい土地の支配権を与えられ、その代わりに戦闘に従事する「御恩と奉公」という関係が、土地を媒介して成立するような組織・制度のことを封建制度と呼びます。

この封建的主従関係を基礎に、頼朝は武家の政権をつくりました。ただ、注意しなければいけないのは、この鎌倉幕府というの

◆ 源義経…1159〜1189。鎌倉時代の武将。源頼朝の異母弟。一の谷、屋島、壇の

は、東国にはかなりの権力をもっていましたが、西日本にはしっかりした基盤をもたず、権力が及ばなかったことです。

■鎌倉幕府は公武二元的政権だった

1185年、頼朝は、国単位に軍事・警察権掌握のための地方機関、守護を置き、有力御家人を任命しました。この守護に認められた基本的権限を大犯三カ条といい、謀叛人を捕まえること、殺害人を捕まえること、そして京都を警備する大番役を受け持ちの国の御家人に指図をして奉仕させること、と定められました。

このように、守護の任務は、謀叛・殺害人の逮捕と京都大番役の催促だけで、一国の行政は従来どおり、京都から派遣される国司が握っていました。つまり、武蔵国、美濃国といった一国単位の地方行政は、あくまでも国司が基本で、重大犯罪についてのみ、守護が受け持ったのです。

要するに、まだまだ平安以来の公家たちの政権、京都の政権が基本で、武家政権はその中で重大犯罪の捜査・鎮定だけを受け持つというのが建前でした。鎌倉幕府が公武二元的政権であり、公家政権の要素の中で、武家的な部分を受け持つという形で全国政権が成立したのです。

頼朝以降、息子の頼家・実朝と、源家3代の将軍が続きますが、その後は摂関家から子供を迎えた摂家将軍、天皇の息子を鎌倉に迎えた親王将軍と、武家政権のトップに皇族が立つという形をとるわけですから、地方の武士たちの自立的な政権ではありませんでした。将軍はまさに天皇・摂関といった公家階層の人間だったのです。公武の区別はまだはっきりしていなかったということになります。

また、法律も、御家人の世界は、「御成敗式目」に代表される武家の法律（武家法）で裁判が行われますが、基本的には京都の朝

浦で平氏を滅ぼす。頼朝に反して奥州に逃れるが、藤原泰衡に襲われ自刃。

廷の裁判、平安時代に形成された法律（**公家法**）が前提です。また、荘園領主たちが自分の支配地で使う**本所法**と呼ばれる法律も形成されています。

　要するに、並立する法律が同時に運用されたわけです。鎌倉時代は、まだ武家が完全に日本を支配するまでになっていないということなのです。

■鎌倉幕府の権力は公家を圧倒していった

　その後、鎌倉幕府の実権は**執権**の**北条氏**の手に渡り、いわゆる**執権政治**が始まります。そして、武士政権はやがて朝廷の支配を凌駕するようになります。

　その契機が、1221年の**承久の乱**です。天皇による一元的な支配を回復しようとした**後鳥羽上皇**が、鎌倉幕府を武力で打倒するという無謀な計画を立てて惨敗を喫した事件です。後鳥羽は隠岐に流され、他の2人の上皇も佐渡へ、あるいは四国へと流されてしまいます。

　後鳥羽方の公家や武士が持っていた3000以上の土地が没収され、その多くが西日本にありました。平家から奪った土地（**平家没官領**）や承久の乱の時に奪った没収地などの**地頭職**が、新たな御恩として御家人に与えられていきました。いわゆる**新恩給与**と呼ばれる御恩です。御家人たちは、経済的にも飛躍的に収入を伸ばし、公武二元的性格だった鎌倉幕府の権力は、やがて公家を圧倒していきます。

　そして、安定した経済基盤を確保した鎌倉幕府は、自分たちの常識に従って、公平な裁判を行うために、1232年、執権・**北条泰時**が定めた「**御成敗式目**」のような法律を作り出していきます。

　道理・先例に基づく客観的で公平な裁判、これを基軸としながら、カリスマ的な将軍のいない幕府は、合議体制によって、北条

◆　後鳥羽上皇…1180〜1239。父は高倉天皇。天皇退位ののち院政をとった。承久

氏を中心とする執権政治を展開していく。これが鎌倉中期ということになります。そしてまた、将軍に後嵯峨天皇の息子・宗尊親王を迎えるというふうに、鎌倉幕府は徐々に実力を上げていきます。

ところで、将軍を支えた御家人たちがどのような体制をとっていたかというと、これがまたちょっと理論的で難しいのですが、**惣領制**という体制をとっていました。

たとえば、千葉一族という有力豪族がいます。関東地方にはこのような有力御家人の名前が多いですね。葛西とか、佐原とか、とくに上総、下総に多いです。江戸、三浦、和田も、御家人の名前です。

彼らは和田一族とか、三浦一族という広い形で共通の先祖をもった一族として行動します。その場合、今でいう本家にあたるのを**惣領家**といい、この惣領が頼朝の従者、すなわち御家人になると、その一族がこぞって頼朝の部下になってしまうわけです。これを惣領制といいます。

頼朝は最初、**石橋山の戦い**で惨敗を喫して安房に逃げるのですが、その後、有力な惣領が味方に加わったことで一挙に勢力を回復して、戦争に勝ってもいないのに、鎌倉に居を構えて**侍所**を開きました。このように、鎌倉幕府の成立過程でも、有力な御家人の惣領が頼朝の部下になったことが鎌倉幕府を成立させる大きな要因になりました。

彼らは、「**兵の道**」を究めるために、**騎射三物**という、今でも時々、神事で見られる流鏑馬や、犬追物・笠懸といった、馬に乗って弓をすばやく射る訓練をしていました。「**弓馬の道**」にいそしんで、主人の命があれば、命を賭けて戦う。そういう形で、戦いを勝ち抜いていったわけです。

の乱で北条氏を打倒しようとして失敗。『新古今和歌集』の撰者でもある。

南北朝・室町幕府の成立
天皇が二人いる！？

▶テーマ❸

■元寇後、何が問題になったか？

いきなり年号ですが、「イイクニ（1192）つくろう頼朝さん」──皆さん、よく知っているように、1192年、**源頼朝**は**征夷大将軍**に任命されます。

しかし、注意を要するのは、あくまでもこれは**朝廷・天皇から任命された職**です。征夷大将軍の「夷」は夷狄の「夷」、朝廷に代わって夷狄を征圧する役職ということです。

平安時代以来、征夷大将軍が武家としての名誉ある地位となっていきますが、日本の古代国家の「武力を担当する」専門家として、とくに日本中心の華夷秩序を再確認し、これを広げるための現場責任者という意味があったのです。

その意味で、頼朝は、あくまでも朝廷の枠内の人ですから、意識的にも、行動自体も、基本的に貴族の一員です。平安時代には朝廷の実務は家ごとにほぼ固定してくるのですが、その中で「武」を専門とする公家政権内の一部門を担当する家、武家のトップが頼朝だったわけです。そこで、**将軍は武士ではなく、公家であった**、というのが鎌倉幕府将軍の性格でした。

承久の乱という後鳥羽上皇の無謀な計画が一つのきっかけになって、武家は政権の力を伸ばしていったわけですが、今度はなんと**元寇**という外国の侵略を受けることになるわけです。**北条時宗**が執権職にあった1274年の**文永の役**、1281年の**弘安の役**、2回にわたる**蒙古襲来**です。

これは幸い天候にも味方されて、九州沿岸で**元**と**高麗**の連合軍を撃退しました。これによって、幕府の支配力はより強まります

94　◆　北条時宗…1251〜1284。鎌倉幕府の執権。元寇に際し、九州に土塁を築くなど

が、一方で、「敵国降伏」のお祈りをしたことで、宗教界も再び大きな力を得るようになってくるのです。

この元寇を経た頃から、やがて幕府にとって根本的な課題が明らかになってきます。国内の敵をやっつけた場合は、その敵の土地を没収できるので、「御恩と奉公」の関係を継続できますが、元寇は国外の敵との戦いだったため、恩賞地がありません。

さらに、惣領制は緩い血縁的な結合だったので、分家にあたる庶子家が独立しようとします。

武士の所領の相続はどうなっていたかというと、分割相続が基本です。たとえば一人で10カ所の地頭職（兵糧米の徴収や免田経営の権利）を持っていたとすると、子供が5人いて均等に分配すれば、一人あたり2カ所。そのため、鎌倉後期には3代目、4代目になると、相続する地頭職は1カ所どころではなく、その何分の1というふうに細分化して、一人ひとりの経済力が衰えていきます。

新しい敵をたたかないと、恩賞地が不足し、戦費の負担だけが重くのしかかる。経済基盤が弱くなれば、不満が高まっていきます。幕府はもっと強く統制しないと、その権力を維持できなくなってきたのです。

■鎌倉幕府の動揺と後醍醐天皇の登場

鎌倉後期には、制度も整備され、支配力が強化されてきますが、北条氏、とくにその惣領にあたる得宗家に権力が集中してきます。そこで、この時期の政治体制を得宗専制体制などと呼びます。

北条氏がなぜ権力の中枢を握ったかというと、貴族である頼朝の奥さん、北条政子の実家として権力を握ったわけですから、まさに摂関政治と同じようなものです。その北条氏の惣領家は得

宗家と呼ばれて、鎌倉幕府の権力をほぼ一手に握っていました。その部下である御内人という人々が、実際の幕府を左右したといわれています。

しかし、得宗として権力を握った北条高時という人物はきわめて政治に不熱心で、趣味に走ってしまいました。その結果、北条氏の家臣にすぎない御内人の長崎高資が内管領となって全権を握ります。この人物は、御家人から見れば、同じ御家人の北条氏の家来ですから、陪臣という立場にすぎません。

このような得宗家に対する不満と、所領の細分化などの経済的な不安を背景に、鎌倉幕府がちょっとグラッときているところへ、都に第二の後鳥羽上皇ともいうべき人物が現れました。それが後醍醐天皇です。

■建武の新政はなぜ破綻したか？

鎌倉時代の武士は、そのすべてが鎌倉幕府に参加したわけではありません。頼朝と主従関係の契約を結んだ連中が御家人で、そのほかは非御家人と呼ばれています。けれども非御家人だからといって、貧乏というわけではありません。頼朝と契約を結ばない武士もたくさんいました。とくに西日本では顕著で、彼らはもちろん反幕府的になっていきます。

地方には、より機動的で身分的にはそれほど高くない、実力でもって生きてきた武士たちが台頭し、とくに経済が発達していた畿内では、悪党と呼ばれるグループが活躍するようになります。後醍醐天皇は、この悪党勢力や、お寺や神社の強硬な勢力――お寺や神社は平安以来、僧兵というちゃんとした軍隊を持っています――をまとめて、「北条氏を倒せ」という試みを繰り返し、ついにこれに成功するわけです。「イチミサンザン（1333）北条氏」――1333年の鎌倉幕府の滅亡ということになります。

後醍醐天皇の倒幕計画をつぶして、後醍醐天皇を隠岐に流した北条高時は、隠岐を脱出した後醍醐が再び京都を目指すのを阻止しようと、源氏の名門、足利尊氏に軍隊を率いて京都へ攻め上らせました。

　ところが、その尊氏がいきなり後醍醐側について、鎌倉幕府の出先である京都の六波羅探題をつぶしてしまいます。同じく源氏の新田義貞も、鎌倉に攻め込みます。すなわち、源氏の名門の御家人が、平氏出身の北条氏を倒したのです。

　平氏政権の平氏を倒して源氏の幕府。ところが源氏の将軍が絶えると、平氏の北条氏が権力を握る。そして次の足利幕府は源氏。これを源平交代思想というのですが、それがどこまで妥当かはともかく、足利尊氏が源氏の名門であることを意識し、源氏の幕府をつくり直そうとしたことは事実でしょう。

　こうして鎌倉幕府が倒れると、後醍醐天皇は都に復帰し、いわゆる「建武の新政」と呼ばれる直接政治を始めました。醍醐・村上天皇の「延喜・天暦の治」を理想とし、天皇の直接政治を目指すものでしたが、結局は後醍醐の完全な独裁政治になってしまいます。

　すなわち、裁判が混乱したりします。後醍醐天皇は、綸旨という天皇の命令書を出して、土地の権利を保障したり、土地の権利を移動させたりして、土地・税制そのものを混乱させてしまいます。人々が生きていく経済的環境に対して理不尽な介入をすると、いつの時代、どこの国の政権でもつぶれてしまうものです。

　後醍醐天皇は、あらゆる勢力を糾合しました。そのため、悪党勢力、畿内の新興の武士層、伝統的な鎌倉御家人といった、さまざまな勢力間の利害の衝突を調整することができません。個人的な感覚で人材を登用したので、建武政権はごった煮の勢力の上に独裁をかぶせたものでしたから、後醍醐の新政はまたたく間に

時政らとともに政治に関与し、尼将軍と呼ばれた。

人々の支持を失います。そして、だれよりもこれに強く反発したのが足利尊氏でした。

■ 南北朝時代のはじまりと矛盾

1335年、**中先代の乱**という北条氏の政権復活のための反乱が起こり、鎌倉が危ないというので、**足利尊氏**はその鎮圧に向かって鎌倉に入った後、ついに後醍醐天皇の政治に対する反対を表明して、自らの政権の樹立に向かいます。

その後、尊氏は、九州までいったん逃げたり、京都に戻ったりと、文字どおり東奔西走して激動期を勝ち抜いて、ついに翌1336年、京都で自前の天皇、**光明天皇**を立てることに成功します。

ところが、後醍醐天皇は不屈の人です。自分は今でも天皇だ、武家が勝手に天皇の位を変えることなんかできないと、自分があくまでも天皇であるという建前に立って、「本物の三種の神器は

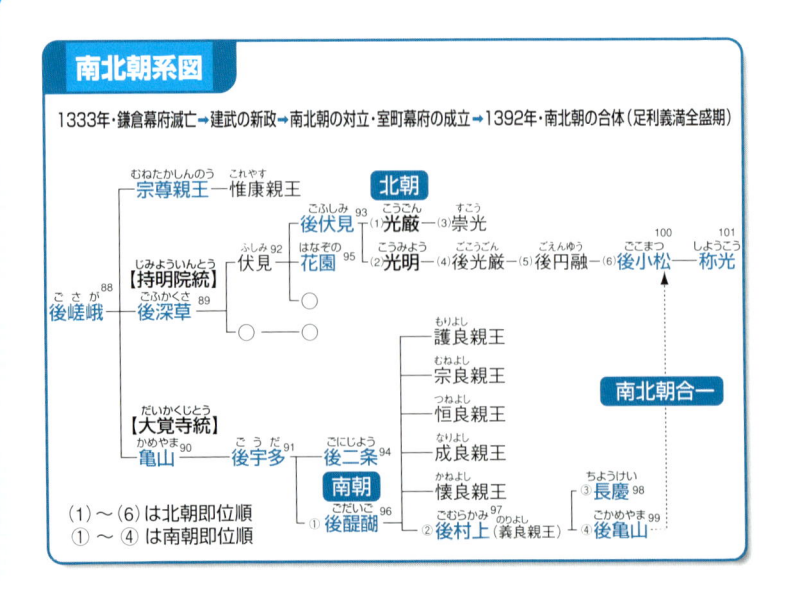

南北朝系図

1333年・鎌倉幕府滅亡 ➡ 建武の新政 ➡ 南北朝の対立・室町幕府の成立 ➡ 1392年・南北朝の合体（足利義満全盛期）

北朝
- 宗尊親王 — 惟康親王
- 【持明院統】
- 後嵯峨88 — 後深草89
  - 伏見92 — 後伏見93 — (1)光厳 — 崇光
  - 花園95 — (2)光明 — (4)後光厳 — (5)後円融 — (6)後小松100 — 称光101

大覚寺統
- 亀山90 — 後宇多91 — 後二条94
  - 護良親王
  - 宗良親王
  - 恒良親王
  - 成良親王
  - 懐良親王
- 後醍醐96 — ②後村上97(義良親王) — ③長慶98 — ④後亀山99

南朝

南北朝合一

(1)〜(6)は北朝即位順
①〜④は南朝即位順

後醍醐天皇…1288〜1339。鎌倉幕府を倒して、天皇親政の建武の新政を行う。

私の手元にある。北朝の光明天皇が持っているのは偽物だ」と主張します。そして、隙を狙って幽閉先から脱出し、奈良県の山の奥、吉野に逃れて、天皇政治を継続しようとします。

　ここに南北朝の対立という、日本史では珍しい2人の天皇が同時に存在するという時代を迎えます。この南北朝を契機に、鎌倉時代の守護は徐々に実力を高めていき、やがて室町幕府の基本的な性格を固めていくことになります。

　元寇以降、鎌倉御家人社会の動揺の中から、天皇親政の建武政権が一時期現れ、その矛盾の中から室町幕府が源氏の幕府として再び復活してきた。このあたりが、次の日本史の大きな転換点ということになるわけです。

その後、足利尊氏と対立して南北朝併立時代を招いた。

テーマ④ 応仁の乱
遠くの親戚より、近くの他人

■そもそも征夷大将軍とは、どういうものか？

　鎌倉幕府の滅亡から室町幕府の成立、その間の建武政権。これは、日本史における激動期の典型的な一例です。この時期にどういう変化が起こっていたのでしょうか。

　もちろん、たくさんの変化が起こっていましたが、一つは、**惣領制が解体した**ことです。これは前回、少し述べましたが、庶子家といわれる分家は、なんとか自立したい、恩賞を自分でもらいたいと思っていたからです。

　もう一つは、世代が下ってくると、一族といっても、ほとんど他人になってしまう。今でも葬式や結婚式にだけ顔を合わせる親戚がいますが、日常的には隣近所の仲のよいお家との交流のほうが、いざという時に役に立つ。そのことのたとえを「遠くの親戚より、近くの他人」といいますが、これをちょっと日本史風にいうと、「**血縁関係を基本とする社会から、地縁関係を基本とする社会への転換**」ということになります。

　地縁関係を重視するというのは、日本人の一つの特性でもあるのでしょうが、このような大きな変化が、この激動期に進行していたことを忘れてはいけません。

　さらには、**貨幣経済が鎌倉時代を通じて確実に浸透してきた**ことがあげられます。たとえば、鎌倉幕府の御家人は窮乏化すると、しばしば借上（かしあげ）といった金融業者に地頭職などを抵当に入れて金を借りる。しかし、金を返せなくて取られてしまうということが起こってきます。いわゆる貨幣・金融の発達が、武士社会の経済を直接、左右するようになってきた。これもやはり、鎌倉から

100 ◆　足利尊氏…1305〜1358。室町幕府初代将軍。新田義貞、楠木正成などを破って

室町にかけての重要な出来事でしょう。

　南北朝の対立という2人の天皇がいる異常な事態のなかで、**足利尊氏**は京都に政権を構え、**北朝と呼ばれる光明天皇を擁立し、室町幕府を樹立した**わけです。

　尊氏もまた、天皇から征夷大将軍に任命され、全国政治を担っていきました。その点では、鎌倉幕府と基本的に変わりません。先回りしていってしまえば、徳川幕府だってそうです。天皇から征夷大将軍に任命されてはじめて幕府が開けるのです。

　ちなみに、「幕府」というのは、征夷大将軍が本拠を構えている場所をいいますから、鎌倉にあれば鎌倉幕府。足利幕府を室町幕府と呼ぶのも、京都の室町にやがて将軍御所ができて、そこに征夷大将軍がいるからです。そして、征夷大将軍の任命は、あくまでも天皇がするわけですから、天皇による支配という点では何も変わっていないことになります。

■ **守護から、実力を備えた守護大名へ**

　もう一度、日本の古代国家の基本的な状況を見直してみましょう。たとえ摂関家であろうが、院であろうが、武家であろうが、いずれも天皇の存在を前提とした政権でした。

　そのような大きな枠組みは変わらないのですが、実際の経済社会などは大きく変質していきます。そして室町幕府において、**足利尊氏**と、これを支えた弟・**直義**（ただよし）とが対立する内紛、いわゆる**観応の擾乱**（かんのうじょうらん）が起こるのも、ある意味では必然的ともいえました。

　武家政権は、もちろん戦争に勝つことが前提の政権ですが、内部の争いでも同じです。そして、その過程で、**守護**は基本的権限である**大犯三カ条**を超える権限を与えられていきました。尊氏は、**後醍醐天皇**との戦いを進めていく上からも、有力な武士の協力を得なければならなかった。とくに守護に依存しなければなら

なかったのです。

守護は、その受け持っている国の国人と呼ばれる地域的な武士・領主を率いて、戦争に次ぐ戦争を戦い抜かなければなりません。そこで守護は、国人に対する支配を強めていきます。

また、幕府の裁判の判決が現地でなかなか実行されない場合、これを実際に現地で執行する権限、いわゆる使節遵行権が守護に与えられていきます。

あるいはまた、観応の擾乱などの内乱を戦っていく過程で、守護に対して、戦争のための一定の費用を保障してやらなくてはいけません。これを半済令といい、荘園領主の利益の一部を奪って、守護にこれを与えるようになっていきます。

ほかにも、他人の田んぼの稲を刈り取る刈田狼藉と呼ばれる財産の侵犯について、守護にその取り締まりを命じます。

このように、さまざまな権利を加えていって、一国内における支配力を飛躍的に伸ばした守護を守護大名と呼びます。そして、**室町幕府は有力守護大名たちの連合政権のような形になっていく**のです。

この連合政権の上に将軍が乗っかったのが、初期の室町幕府の実態で、やがてその支配は管領と呼ばれる実力者によって担われていくことになります。いわゆる三管領、足利一門の名門、細川・斯波・畠山氏の中から選ばれた管領が、鎌倉幕府の執権のように中央政治を牛耳ったのです。そしてさらに、京都の市政権などを握った侍所の長官の所司は、赤松・京極・山名・一色といった、四職と呼ばれる家から選ばれ、彼らは管領と並んで権力を握ります。

■足利義満の権力と惣の結成

そのようななかで、将軍権力を高めていった人物が、3代将

◆ 足利義満…1358〜1408。室町幕府3代将軍。京都室町に「花の御所」を開く。

足利氏系図

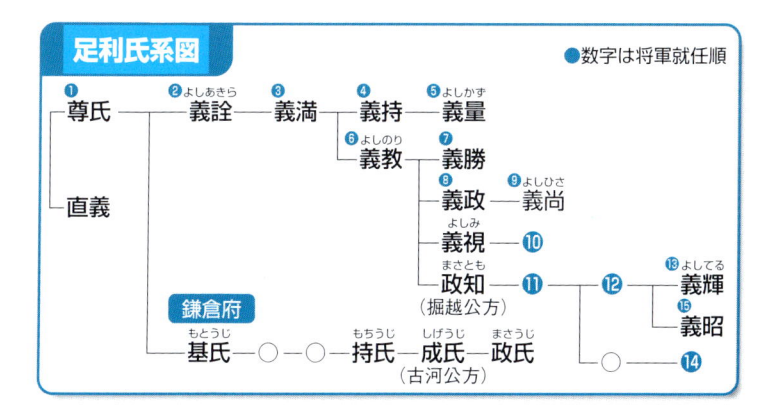

●数字は将軍就任順

- ❶尊氏 ─ ❷義詮 ─ ❸義満 ─ ❹義持 ─ ❺義量
  - ❻義教 ─ ❼義勝
    - ❽義政 ─ ❾義尚
    - 義視 ─ ❿
    - 政知（堀越公方）─ ⓫ ─ ⓬ ─ ⓭義輝
      - ⓯義昭
      - ⓮
- 直義

鎌倉府
- 基氏 ─ ○ ─ ○ ─ 持氏 ─ 成氏（古河公方）─ 政氏

軍・**足利義満**です。義満は、有力守護を卓越した政治力によって次々につぶしていき、まもなく公家社会にも君臨するようになります。そして、ついに平清盛以来の太政大臣となり、公家政権の人事も握っていきます。

しかし、義満の権力は、なかなかその子供には伝わらず、足利将軍家は再び、有力守護の動向や管領や所司の動向によって左右されるようになっていきます。

義満の絶頂期は14世紀末から15世紀初めにかけてです。義満は1401年に、長らく絶えていた中国との朝貢関係を復活させます。この**日明国交の開始**によって、**勘合貿易**という中国側の指示に従った統制された管理貿易が行われるようになって、大量の明の銅銭が入ってくるようになり、貨幣経済が大いに発達していきます。

すると、貨幣経済の進展とともに、経済の実態そのものが大きく変わるという傾向がさらに拡大し、貨幣をめぐるトラブルが恒常的に発生するようになります。

そのような中で、農民たちは長い戦乱から自分たちの生産基盤である村を守ろうと、地域的に連合するようになります。このよ

出家後は京都北山に別荘・金閣（鹿苑寺）を建てる。

うな農民たちの団結を惣といいます。惣の農民たちは強い自治的な結合をもとに、自検断といって、地域内での警察権・裁判権を自分たちで行使したりします。また、自分たちの地域の法律を、自分たちで決める惣の掟を作ったりするのです。

その結合の基盤には、村の氏神・鎮守である神社のお祭りの共同開催があり、これによって結合を高めました。そしていざ、大きな問題に出くわした時には、みんなで団結して、目標を勝ち取るまで戦う土一揆を結びます。

■土一揆はなぜ次々と発生したか？

当時、農民は土民と呼ばれ、彼らの惣を背景とした農民の一揆を土一揆といいます。彼らは、近畿地方などでは、いやおうなく貨幣経済に巻き込まれていました。今でいう銀行に利益を吸い取られ、銀行に対する借金もかさんでいきました。

それに加えて彼らには、大きな時代の変わり目、たとえば天皇が代わる、将軍が代わるという時こそ、自分たちを喜ばせる政治を要求できるという観念がありました。

そして、ついに1428年、大規模な土一揆が京都を取り囲む形で発生します。これが、正長の土一揆といわれるものです。「日本開白以来、土民蜂起是れ初めなり」と、当時の僧侶が日記に記したように、京都などの高利貸し業者である土倉、酒屋などにたまっている借金をチャラにしてくれ、帳消しにしてくれという、徳政と呼ばれる借金帳消し政策を求めて蜂起したのです。

正長の土一揆は幕府側に抑えられましたが、翌1429年には播磨国で、「もう武士は出ていってくれ」という土一揆が起こります。武士が農民たちの生活を無視して、権力争いの戦争を繰り返すのは迷惑だから、むしろいないほうがいいよ、という話になり、土民たちが「とにかく武士は出ていけ」と騒ぎを起こします。

さらに1441年、将軍の交代を契機に起こった**嘉吉の土一揆**では、幕府はとうとう土民の要求に屈して、**徳政令**を初めて山城国に対して出します。このような土一揆が頻発するなかで、15世紀後半、ついに**応仁の乱**という大内乱の時期を迎えるのです。

応仁の乱関係図

	西軍		東軍	
将軍家	義政 義尚 → 義視	逆転 1468	義視 → 義政 義尚	将軍家
畠山家	持国 ↓ 義就		持富 ↓ 政長	畠山家
幕府の実力者	山名持豊		細川勝元	幕府の実力者

　1467年に始まった将軍家や管領家などの家督争い、家の相続をめぐる争いが複雑にからみ合って、約10年間もの長きにわたって戦乱が続くわけです。この応仁の乱の勃発が日本史を大きく分けるターニング・ポイントで、応仁の乱以前と以降に分けるという歴史の見方があるほどです。なぜなら、これによって**下剋上**、つまり、**古い伝統的権威というものが無視されて、実力本位の社会がやってくる**からです。

　力のない主人を殺して、従者がその地位を奪うことは当然だ。力のある者こそが支配すべきだという合意が、社会的に容認される時代に突入したのです。これが、日本の近世社会を生み出す基本となっていくわけです。

覚寺、寿福寺、浄智寺、浄妙寺。

COLUMN 3

みんなの仏教、みんなの芸能

　古代の仏教は、いわゆる貴族中心の仏教でした。仏教には大変お金がかかりました。寺をつくったり、仏像をつくったり。ところが、鎌倉仏教は一般に庶民を直接の対象とする新しい仏教だといわれています。口で「南無阿弥陀仏」、あるいは「南無妙法蓮華経」と唱えれば救済されるという、お金や時間の余裕がなくても可能な信仰が登場するわけです。

　浄土教の教えから生まれた浄土真宗。それから日蓮宗（法華宗）。また、禅宗は幕府と結びつき、主に武家に受け入れられていきます。このように中世には、庶民・武士が歴史・文化の前面に出てくるわけですが、やがて南北朝以降になると、それは文化・芸能の面でもはっきりしてきます。そして、「遠くの親戚より、近くの他人」。人々の地縁的な結びつきが重視されるようになり、「集団の芸能」が現れてきます。

　たとえば、お茶は、みんなでお茶を飲み、「連歌」も、5・7・5に7・7と、みんなで歌をつないでいきます。

　15世紀以降になると、私たちが一般的にイメージする和式の建築、すなわち畳が敷き詰めてある、床の間があるといったような書院造りが完成します。さらに能・狂言、そしてお花を床の間に生けるような華道なども成立してきます。

　そして近世に入って、歌舞伎や俳句が成立します。

　このように、私たちの認識している伝統的な文化といっても、100年も200年も違う時期におのおの成立して、それが重なってきたのが現在の文化だというのが、文化史の基本的な見方です。

天下統一と幕藩体制

4 日目

とにかく派手にいきましょう！
戦国時代・織豊政権

黄金太閤の光と影
天下統一と朝鮮出兵

すべての道は江戸に通じる
商業・流通の発達と文治政治

倹約するにも限度があります
幕政改革と飢饉の時代

屋台骨が音を立てて崩れていく
江戸末期（幕末）

4日目

天下統一と幕藩体制

ツボ▶▶▶ 「大開発の時代」を基礎として花

　戦国大名は、実力で一国を支配するために富国強兵策をとりました。その結果、16世紀頃からは「大開発の時代」と呼ばれる耕地開発が急速に進む時代がやってきます。そして、金・銀鉱山の開発も進みます。「金・銀の時代」といいます。そこへ南蛮人が登場して南蛮貿易が始まり、キリスト教の布教も始まるという時期です。

　ポルトガル人などは金・銀を求めてやってきます。もちろん、種子島に伝わった鉄砲の国産化が実現して、あっという間に普及していきます。これが、織田信長・豊臣秀吉の天下統一のための戦争で決定的な役割を果たしたことはよく知られているところでしょう。

　このように、いわゆる戦国時代は、まさに近世社会への移行期、江戸時代の前提が整備された時代ということになります。

　さて、近世社会の最初の扉を開いたのは、織田信長と、その後継者の秀吉です。そして、豊臣秀吉によってようやく1590年に天下統一が達成されるわけですが、秀吉はさらに「太閤検地」で近世社会の土地・税制の基本を固めたのです。

　そのうえに徳川家康が1603年、征夷大将軍に任命されることによって幕府を開き、長い徳川幕府の歴史が始まります。徳川幕府の将軍、初期の3代（家康・秀忠・家光）は、武力を背景に強い統制力を発揮した「武断政治」を行いますが、やがて4代将軍・家綱以降は、儒教（とくに朱子学）によって社会を統制していくという「文治政治」の時代になります。平和が実現し、18世紀に入ると、「元禄文化」といわれる派手な文化が登場します。交通網

開いた江戸幕府は「砲艦外交」に屈した

が整備され、三都（江戸・京都・大坂）を中心に都市の繁栄が際立つ時期です。

しかし、この頃になると、すでに幕府は財政難に陥っていて、以後、幕府は「享保の改革」、そして「寛政の改革」「天保の改革」といった改革政治を何度か行います。耕地開発も金銀の採掘量も、18世紀中には限界に達してしまうのです。

そして19世紀に入ると、いよいよ大きく近世社会が動揺してくる。大きな動きが出てきます。その一つは、ロシアを中心とする列強の接近。「鎖国」と呼ばれる閉鎖的な外交体制を守ろうとした幕府が、それを維持できなくなってくる時代です。

そして、それが決定的になったのが、中国におけるアヘン戦争でした。まもなくアメリカが、今度は日本にやってくる。すなわち、ペリーの来航。その「砲艦外交」に屈した幕府が、ついに開国に踏み切らざるを得なくなると、やがて貿易も始まります。日米修好通商条約によって貿易が開始され、そして物価高などによる混乱があいまって、幕末の混沌とした政局が訪れます。

戦国時代・織豊政権

▶テーマ❶

とにかく派手にいきましょう！

■応仁の乱の後、戦国大名が登場した

　15世紀は、足利義満が日明国交を始めるという室町幕府の最盛期から始まるわけですが、足利将軍家の権威はあっという間に落ちていきます。とくに1441年、嘉吉の乱で、将軍・足利義教が犬死し、その子・義勝の将軍就任にあたって、嘉吉の土一揆が起こったように、将軍家の権威はやがて有力な守護大名たちによって凌駕されていきます。

　そして応仁の乱が起こる。その前には土一揆が頻発しているし、応仁の乱以降になると、国全体が農民たちなどの支配下におかれてしまうという山城の国一揆や加賀の一向一揆などが起こります。その意味で、15世紀は一揆と応仁の乱の世紀ということになります。

　16世紀も後半に入ると、社会は大きく動きだします。応仁の乱以降、守護大名や守護代、あるいは国人といった地方武士のレベルからも、一国を実力で支配する、いわゆる戦国大名が登場します。下剋上を生き抜いた、実力による一国支配を達成した大名たちです。九州の島津や甲斐の武田など、鎌倉以来の名門もいますが、中国地方の毛利のように国人と呼ばれるような地方武士の中から、一国を支配する連中が出てくるわけです。

　戦国大名の支配で一番有名なのは、喧嘩両成敗法。争いがあると、どちらが良い悪いに関係なく、両方とも処罰するというものです。極端な場合、両方とも死刑という強い統制力をもった権力が、戦国大名を象徴しています。

　戦国大名たちは、分国法と呼ばれる自分の支配地に適応する法

種子島時堯…1528～1579。種子島島主。漂着したポルトガル人から鉄砲を購入

天下統一と幕藩体制 4日目

律を発布し、**城下町**を建設し、ここに政治の中心をもっていきます。もちろん、軍事力の背景となる経済の発展にもつとめます。

彼らが最も力を注いだのは、生産力を上げるための**水田開発**と**鉱山開発**です。要するに、富国強兵策。豊かな国づくりを行い、強い兵隊を養わなければいけなかったからです。

その結果、今回のテーマである、中世から近世にかけて、とくに**織田信長**・**豊臣秀吉**の活躍期にはっきりと出てくる「**金・銀の時代**」、そして「**大開発の時代**」が始まります。

■南蛮人は日本に金・銀を求めてきた

日本の耕地が急激に広がったのは戦国時代で、田地は2倍、3倍、4倍というように広がっていったと考える学者もいます。一方、「金・銀の時代」はさまざまな文化財を残しています。

では、戦国大名たちは、どういう環境のもとで、このような「金・銀の時代」を迎え、あるいは大開発を遂げていったかというと、それは15世紀半ばにやってきた**南蛮人の渡来**と、それにともなう**南蛮貿易**の隆盛といったようなところでしょう。

とくに南蛮人の渡来については、1543年にポルトガル人の乗った船が種子島に漂着して、島主の**種子島時堯**が2挺の鉄砲を買った、という記録が残っています。この記録、かなり怪しいといわれているのですが、確かなことは、以後、**鉄砲が急速に国産化され、戦闘に使われるようになった**ということです。

当時、日本に進出してきたヨーロッパ勢力は**ポルトガル**が中心

し、鉄砲ならびに火薬の研究をした。火縄銃は種子島とも呼ばれた。

で、**イスパニア（スペイン）**がこれに続きます。**南蛮人**と呼ばれた彼らは、**中継貿易**で中国産の生糸や鉄砲などを日本にもたらし、日本からは主に銀を持ち帰りました。

　南蛮人は、金・銀を求めて日本にやってきたのです。そこで日本では、銀の産出量が飛躍的に増えるという環境が整ったわけです。南蛮人は、貿易とともに**キリスト教の布教**も行います。

　とくに旧教（カトリック）の宗教団体である**イエズス会**などがその布教の中心でした。有名な**フランシスコ＝ザビエル、ガスパル＝ヴィレラ、ルイス＝フロイス、アレクサンドロ＝ヴァリニャーニ**といった宣教師たちが日本を訪れます。

　1549年のザビエルの鹿児島来航をきっかけに、信長・秀吉の時代にかけて、彼らは多くの信者を日本で獲得していきます。そして、この南蛮人たちを積極的に受け入れたのが、信長をはじめとする有力な戦国大名だったのです。

　新しいヨーロッパ勢力の影響が直接、日本に表れるという意味でも、16世紀半ば以降は、新しい時代の幕開けと呼ぶにふさわしい時期になるわけです。

■「天下布武」の志半ばで倒れた織田信長

　さて、そのような戦国大名たちは、おのおの自分の国を守り、富国強兵策を進めましたが、ここに**織田信長**という英雄が登場します。信長ファンというのは、かなり多いのですが、この信長が全国デビューを果たしたのは1560年。東海道最大の戦国大名、名

顕如…顕如光佐。1543〜1592。浄土真宗の僧。一向一揆を組織して織田信長に

門の**今川義元**を撃破した**桶狭間の戦い**です。

信長は、それからしばらく経って隣国の美濃を征圧し、そして将軍・**足利義昭**を擁立することで、京都に足場を整えます。信長はその後、琵琶湖畔に**安土城**を築き、やがて西日本に進出していこうとします。

ところが、大坂には、**顕如**を教主とする**一向宗**の拠点、**石山本願寺**があって、これが頑強に信長に抵抗します。信長の戦いは数多くありますが、その中で最も厳しく、かつ重要なのは、なんといっても、この**石山合戦**と呼ばれる10年以上に及んだ戦いです。

この本願寺は一向宗の拠点で、加賀の一向一揆などもその支配下にありました。各地で、一向宗の信仰を核に団結した**惣**を母体とする農民たちが、坊主と呼ばれる指導者とともに、自主的な支配を行っていました。

結局、信長はこの石山合戦で、武力による完全な勝利を得られ

織田信長の行動と1582年の動き

1560	桶狭間の戦い
1567	美濃の斎藤氏を破る
1568	足利義昭を奉じて入京
1570	姉川の戦い／石山合戦開始
1571	比叡山焼き討ち
1573	足利義昭を追放（室町幕府滅亡）
1574	伊勢長島一向一揆平定
1575	長篠の戦い／越前一向一揆平定
1576	安土城築城
1580	石山合戦終結
1582	天目山の戦い／本能寺の変　**山崎の戦い**　**太閤検地開始**　**天正遣欧使節派遣**

対抗する。石山合戦後、紀伊、和泉と移り、のち石山に帰る。

ず、正親町天皇の斡旋を受けて、ようやく顕如が石山本願寺から退去するということになります。

みなさんもよく知っているように、信長は「天下布武」の印鑑を使っています。「全国を武力によって、完全に平定するのだ」と、高らかに宣言したものです。そして彼は、中世的な束縛を次々に打破していきました。これも有名な話で、自由な商売を認める楽市令も出しています。

ここで注意しておかなければいけないのは、「天下布武」という印文（印鑑の文字）に示されるような、武力による全国統一というものは、そうたやすいものではなかったということです。

もちろん、信長を高く評価する、英雄視する立場からすれば、「信長が生きていれば、信長によって新しい日本が開かれたはずだ」と考える人は多いのですが、残念ながら信長は、1582年の有名な本能寺の変で家臣の明智光秀の反乱にあって、志半ばにして京都で倒れてしまうわけです。

■信長はイチゴ柄のパンツをはいていた⁉

さて、南蛮人の渡来、鉄砲の伝来と普及、そして織田信長の登場と、16世紀後半は、まさに日本が大きく動いた時期でした。「群雄割拠の戦国大名が、戦いにしのぎを削っていた戦争の時代」という面ばかりを強調するのではなく、「金・銀の時代」「大開発の時代」というところをしっかり覚えて、この時期をとらえる。これが近年、注目されている時代感覚です。

ところで、本能寺の変のような有名な戦いというのは、やはり時代を区切るためには、どうしても覚えなければいけません。予備校的には、次のような冗談で、この年号を覚えてもらいます。

信長は本能寺で襲われた時、イチゴ柄のパンツをはいていたのだと。もちろん嘘ですが、そういう姿をイメージして、「イチゴ

パンツ（1582）で本能寺」というふうに覚えてもらいます。この1582年、すなわち天正10年は大きな動きがある年なので、次から次へと、覚えなければいけないことがあります。

たとえば、**長篠の戦い**で打撃をこうむった甲斐の武田信玄の息子・勝頼が滅亡する天目山の戦いに始まって、本能寺の変、豊臣秀吉が主君の仇である明智光秀を破った**山崎の戦い**。そして山城国を手はじめとして、いよいよ**太閤検地**が始まります。

もう一つ、ヴァリニャーニが、**天正遣欧使節**と呼ばれる少年たちを連れて、ローマに向かって日本を発ったのも、この天正10年です。

このように、さまざまな重要な出来事が立て続けに起こりました。これらを「今から400年ほど前に、こういうことがあった」と覚えておくと、時代感覚がはっきりします。

そこで今回は、「イチゴパンツで本能寺」というところを覚えてもらって、ここに述べたような他の重要な出来事も、ちょっと暇があったら、年表で確認してみてください。

を本能寺で殺害。羽柴秀吉と山崎で戦い、敗走中、農民に殺害された。

▶テーマ❷

天下統一と朝鮮出兵
黄金太閤の光と影

■信長亡き後、秀吉が時流をつかんだ

1582年、織田信長が家臣の明智光秀の叛逆にあって、京都の本能寺で死にます。当時、信長の部下たちはみんな、主人の命令に従い各地で戦っていたので、簡単に京都に引き返すわけにはいきません。

ところが、機転を利かせた**羽柴秀吉（豊臣秀吉）**だけが、いち早く京都に戻ってきます。京都盆地に入られては困ると、山崎まで出向いた明智光秀が、秀吉軍と戦って敗れます。これが、有名な**山崎の戦い**です。

山崎は天王山という山の麓にあることから、よく「夏は入試の天王山」などと使われます。この山崎を通り抜けたら、もう京都だということで、最後の難関、最後の関所というような意味です。

この時、信長のパートナーにして最大の協力者であった**徳川家康**は堺でショッピング中。あわてて本国、三河に戻るのがやっとで、本能寺の変後の激動の波に乗り遅れてしまいます。

しかし、やがて信長の後継者としての地位を固めつつあった秀吉に対して、家康がチャレンジします。1584年の**小牧・長久手の戦い**です。

この合戦の最大の特徴は、大きな戦闘が起こらず、両者が妥協したことです。一応、秀吉が勝った形ですが、秀吉は結局、武力によって家康軍を打破する自信がなかったのでしょう。家康もまた、ここで秀吉と全力で戦って兵力を費やせば、その先が見えないということで、講和に応じました。

安土や有馬にはセミナリオと呼ばれるキリシタンの神学校があり、豊後にはコ

前回に出てきた信長の石山合戦も同じですが、戦国の合戦を、実力だけで勝ち上がっていく高校野球の甲子園大会のようなイメージでとらえるのは、どうやら間違いのようです。

秀吉は、「家康の協力を得ながら、どうやって天下を統一しようか」と、作戦を大きく転換し、そこで思いついたのが、**天皇という権威の利用**でした。翌1585年に四国の長曾我部を破った秀吉は、正親町天皇から**関白**に任ぜられます。しかも、わざわざ摂関家の養子となり、「藤原」の姓を得てから、ようやく関白になったのです。

■天下統一までの秀吉の軌跡

そして、秀吉が次に何をしたかというと、その関白の地位を利用して、**惣無事令**を九州に出します。惣無事令というのは、「すべて事がないよう」にと平和を命ずる命令です。天皇の代理である関白が、天皇の意思を伝えるという形で平和を呼びかけました。

というと、秀吉が急に平和主義者になったように思えますが、そうではありません。九州で領土争いなど常に紛争を起こしていた島津などに対して、「すぐ戦闘をやめなさい。領土はすべてこの秀吉が裁定する」と、命令したのです。これは、全国の土地の支配権は、天皇に代わる関白秀吉なのだと宣言したことになります。今の国際関係でも、どの国もなんらかの長い領土紛争というものを抱えています。日本も、北方領土問題を抱えていますよ

レジオという宣教師養成のための機関があった。

ね。

　戦国大名は、常に隣国の大名との間で小競り合いを繰り返していました。一番有名なのは、川中島で何度も戦った**上杉謙信**と**武田信玄**でしょう。そんなわけで、実力で一国を支配する戦国大名たちは、そう簡単に秀吉の命令を守るわけがありません。

　しかし、秀吉は1586年、新たな天皇、**後陽成天皇**から**太政大臣**に任ぜられます。さらに、やはり藤原じゃ面白くないのでしょう、**豊臣**という姓をもらいます。そして翌1587年、ついに九州の**島津**を屈服させます。

　すなわち、秀吉は、関白、あるいは太政大臣といったような地位を利用して、惣無事令を出し、これに違反した国家の反逆者はみんなでやっつけようという名目で大量の軍隊を動員し、お得意の「戦わずして敵を屈服させる」という方法で九州を平定したわけです。

　この帰途、秀吉は**バテレン追放令**という宣教師追放令を出していますが、これも、領地の長崎を**イエズス会**に寄進した**大村純忠**という九州の大名に対して、たとえわずかな土地であれ、自分の支配からその土地をなくしたことに激怒したからだといわれています。

　もっとも、秀吉はこの時、南蛮船の目的は貿易であって、布教ではないのだから、「今後もどんどん商売をやりなさい」と、その来航を許したので、バテレン追放令は実際にはそれほど効果はなかったといわれています。なぜなら、イエズス会などは、貿易と布教を一体化して、これを進めていたからです。

　秀吉はその後、京都に広大な**聚楽第**という城を造り、隣の御所からわざわざ後陽成天皇に来てもらう、いわゆる行幸を仰いで、天皇に「ご挨拶しなさい」と、動員をかけた全国の大名たちに頭を下げさせます。その横には、ちゃっかりと自分が座っているの

聚楽第…秀吉の城郭風邸宅。のち甥にあたる秀次の屋敷となり、秀次滅亡後に

です。このように秀吉は、ますます**天皇を利用して、全国の大名に対する支配を確立していきました。**

結局、関東の北条氏が屈服し、あわてて東北最大の戦国大名、伊達氏も屈服して、ついに1590年、天下統一が達成されます。信長が桶狭間の戦いで今川義元を破ったのは1560年ですから、そのちょうど30年後に、秀吉は天下統一を果たしたことになります。

■太閤検地と刀狩

さて、秀吉は、山崎の戦いで明智光秀を破った1582年以降、山城国をはじめとして、有名な**太閤検地**という土地調査を行います。

中世には、物を計る単位、度量衡がばらばらでした。これを統一し、1区画ごとの田んぼ・畑・宅地をすべて物差しで計らせて、その土地の価値を段階的かつ正確に米の量（石高）で表すようにします。土地の値段が、1平方メートルあたり米10石といったような、米の量で土地の価値を表す方式を徹底していきました。

そして、その一つひとつの土地ごとに耕作者を決めていきま

度量衡の統一

❶ 長　さ……6尺3寸＝1間（約191cm）

❷ 面　積……町・段・畝・歩
　　　　　　1町＝10段　1段＝10畝　1畝＝30歩
　　　　　　※1歩＝1間四方、1段＝300歩

❸ 体　積……石・斗・升・合（10進法）
　　　　　　1石＝10斗　1斗＝10升　1升＝10合
　　　　　　※京枡の使用

破却。大徳寺と西本願寺に遺構がある。

す。これを「**一地一作人の原則**」といいます。このような検地は村単位で行われ、その村をすべての行政の単位とする近世的な支配の基礎を築いていったわけです。その結果、出来上がった近世社会は**石高制の社会**といわれます。

　農民たちを土地単位で作人として掌握する一方で、秀吉は農民たちから刀を取り上げます。この**刀狩**によって、武士は城下町に住み、農村に住む農民は刀を持たないという**兵農分離**が出来上がります。実は日本人が武器を持たない、ピストルなどで武装しないことを当然と思っている素地は、この兵農分離によって確立されたのです。

■晩節を汚した文禄・慶長の役

　ところで、武家政権は戦いがなくなると困るという話を、前に述べました（→p95）。敵がいて、これを倒すと、その倒した者から奪った土地を恩賞として与えられる。このような戦いの論理と主従関係は、もちろん秀吉の時代にも生きています。

　天下統一とは、国内に敵対する者がいないということですから、困ったことになります。秀吉に聞いてみなければわかりませんが、たぶん秀吉は、すでにかなり前から天下統一後の構想を描いていたのだろうといわれています。すなわち、国内に敵がいなくなったら、朝鮮半島・中国に領土を求めればよいと。そこで起こったのが、**文禄・慶長の役**という秀吉の朝鮮侵略です。

　従来の朝貢関係では、常に周辺地域の支配者が中国の王朝に挨拶に行きます。これは、長い間、東アジアの基本的な外交ルールでした。ところが秀吉は、逆に日本、自分に向かって「朝貢してこい」と、周辺諸国に命ずるのです。もちろん、そんなことに応じてくれる国はありません。そうすると、命令に違反したということで、中国への武力侵攻を企てるわけです。

豊臣秀頼…1593〜1615。豊臣秀吉の第2子。徳川秀忠の娘と結婚するが、大坂

その手はじめとして、まず朝鮮へということで、一方的に戦争を起こします。1592年の**文禄の役**では、15万余の大軍が九州から朝鮮に向かって海を渡り、進撃します。
　最初は破竹の勢いで北上しますが、やがて朝鮮の海軍の英雄、**李舜臣**の活躍などもあって、戦線が膠着します。
　困ってしまったのは、秀吉の有能な部下たち、あるいは**徳川家康**です。どのような事態を招くことになるかは、ほぼ予想がついていたし、現地では頑強な抵抗にあって、明の援軍も来ているから、これに勝ち抜くのは大変なことだとわかっていました。
　和平ということになりましたが、晩年、頑固になっていた秀吉は、あくまでも「朝貢してこい」と譲りません。結局、和平交渉は成立せず、1597年、再び朝鮮への派兵が命令されます。これが**慶長の役**です。天皇の権威を利用して、全国をあっという間にまとめ上げた手腕も、朝鮮や中国に対してはさすがに通用しなかったということです。
　朝鮮側では、文禄・慶長の両役を「**壬辰・丁酉の倭乱**」と呼んでいます。この時、多くの文物が破壊されたといわれ、今でも韓国を旅すると、秀吉軍によって焼かれたという遺跡・史跡が各地に残っています。
　慶長の役では、前回にもまして苦戦を強いられ、秀吉軍は朝鮮半島の南半分ぐらいまでしか侵攻できませんでした。
　そして翌1598年、秀吉は、幼い**秀頼**を残して世を去ります。こうして秀吉の朝鮮への無謀な侵略作戦は失敗に終わり、豊臣政権もまた大きなダメージを受けてしまったわけです。

の両陣で攻められ、大坂城内で自殺。

商業・流通の発達と文治政治

すべての道は江戸に通じる

▶テーマ❸

■ 征夷大将軍となった家康のしたたかさ

　織田信長・豊臣秀吉の時代は、文化史では**安土・桃山文化**と呼ばれます。すなわち、「金・銀の時代」を象徴する非常にきらびやかな文化です。そして大開発による豊かな社会が到来しました。

　秀吉は、晩年の**文禄・慶長の役**で、大きな損害を日本の武将たちに与えました。秀吉政権は、これといったはっきりした組織は整っていませんが、秀吉を補佐する重要な大名を**五大老**といい、秀吉の直接の部下で最も信頼をおかれていたのが**五奉行**です。

　五大老の筆頭が**徳川家康**でした。彼はもともと、秀吉の主人である信長のパートナーというか、弟分でした。家康は、秀吉が政権を確立する最初の頃、小牧・長久手で秀吉にチャレンジしたのですが、ここではぐっと我慢をして、以後、秀吉に協力してきました。

　しかし、その秀吉が死ぬと、まだ幼い遺児・秀頼などとは比べものにならないほど、家康の力が大きいことはだれの目にも明らかでしたから、家康が次の日本の支配者として君臨することになったのはやむを得ないところでしょう。

　ところが、秀吉によって出世し、あるいは大名として成長していった、いわゆる織豊取立大名と呼ばれるような連中は、やはり秀吉の恩を忘れません。秀吉の残した秀頼を、なんとか次の支配者になるまで成長させようと考えます。

　五奉行の一人で、秀吉の側近であった**石田三成**がその中心で、五大老の一人、**毛利輝元**をかついで家康にチャレンジしました。これが、1600年の**関ヶ原の戦い**です。この合戦については、さま

122　◆　五大老は徳川家康、前田利家、毛利輝元、宇喜多秀家、上杉景勝。五奉行は浅

ざまな見解がありますが、結論からいえば、かろうじて家康が勝利を収め、これによって家康の覇権が確立します。

では、家康は、信長・秀吉の路線をどう引き継いだかということですが、ここで家康は、なんと**征夷大将軍**の地位を得るという方策を選びました。

もちろん、秀吉が得た関白、あるいは太政大臣も天皇から任命されるものですが、征夷大将軍は同じく天皇から任命されるといっても意味が違います。これは、武家・武門の支配者として、源頼朝が武家政権を確立するための一番の根拠としたポストでした。

そこで家康は、「幕府を開く」という方策を選んだわけです。そして1603年に征夷大将軍になったわずか2年後、息子の**秀忠**にこの地位を譲り、いわゆる**大御所**となります。すなわち、これからは**徳川氏が世襲で征夷大将軍の地位を継ぎ、幕府の支配が永遠に続く**のだぞ、ということを示したのです。

もちろん、主人と従者の封建的な主従関係は、戦国大名の時期でもそのまま生きているわけですが、鎌倉・室町幕府と同様の「御恩と奉公」の関係を基軸とする全国政権、封建的な体制がここに再び、はっきりと形をあらわしたことになります。

家康は、**大坂冬・夏の両陣**で、まだまだ多くの支持者と膨大な金・銀を保有していた大坂方、すなわち秀頼方をつぶします。そして、それを見届けた翌1616年に死ぬわけです。

野長政、前田玄以、石田三成、増田長盛、長束正家。

■幕藩体制はどのように確立したか？

　家康・秀忠・家光と続く徳川3代の間に、江戸幕府の支配体制はほぼ固まったとされています。大雑把にいえば、17世紀前半に江戸幕府の支配体制が整ったのです。そこで、このような江戸幕府による、その後長く続くことになる支配体制を**幕藩体制**といいます。

　生き残った戦国大名に加えて、織豊期に台頭した大名の中で、1万石以上の土地を将軍から与えられた人々を**大名**と呼び、徳川家の家臣で1万石に満たない連中を**旗本**といいます。

　徳川直轄軍にあたる旗本はさておき、**近世大名**と呼ばれる大名たちは、**1万石以上の土地を与えられた将軍の家来**ということになります。彼らは、徳川一門の**親藩**、それから三河以来、家康に従ってきた連中で1万石以上の土地を領有する**譜代**、そして関ヶ

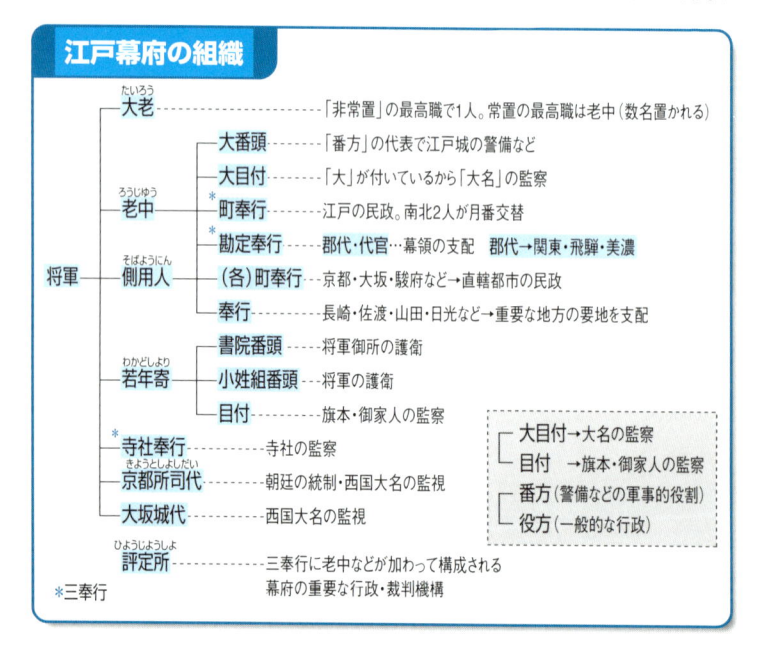

江戸幕府の組織

```
                ┌ 大老　　　　　　　──「非常置」の最高職で1人。常置の最高職は老中（数名置かれる）
                │      ┌ 大番頭　　　──「番方」の代表で江戸城の警備など
                │      ├ 大目付　　　──「大」が付いているから「大名」の監察
                ├ 老中 ├ *町奉行　　──江戸の民政。南北2人が月番交替
                │      ├ *勘定奉行　──郡代・代官…幕領の支配　郡代→関東・飛騨・美濃
                ├ 側用人├ (各)町奉行 ──京都・大坂・駿府など→直轄都市の民政
将軍 ─          │      └ 奉行　　　　──長崎・佐渡・山田・日光など→重要な地方の要地を支配
                │      ┌ 書院番頭　　──将軍御所の護衛
                ├ 若年寄├ 小姓組番頭──将軍の護衛
                │      └ 目付　　　　──旗本・御家人の監察
                ├ *寺社奉行　　　　　──寺社の監察
                ├ 京都所司代　　　　　──朝廷の統制・西国大名の監視
                ├ 大坂城代　　　　　　──西国大名の監視
                └ 評定所　　　　　　　──三奉行に老中などが加わって構成される
                                       幕府の重要な行政・裁判機構
*三奉行
```

┌ 大目付→大名の監察
├ 目付　→旗本・御家人の監察
├ 番方（警備などの軍事的役割）
└ 役方（一般的な行政）

原以降に家康の支配下に入った**外様**（とざま）というふうに、大きく3グループに分かれます。

　親藩・譜代・外様と呼ばれる近世大名たちは、1万石以上の土地を与えられて、各地にその支配を確立するのですが、何よりも徳川本家、将軍家自体が全国のほぼ4分の1を直接の支配地、いわゆる**天領（幕領）**（てんりょう・ばくりょう）として支配します。すなわち、中央集権的な体制ではなく、幕府と藩が全国の土地を分割して、おのおのがこれを統治するという形、これが幕藩体制です。

■五街道と水上交通網が整備された

　ここで大事なのは、**幕藩体制は秀吉の太閤検地によって成立した石高をその基準にしていた**ことです。

　そして17世紀前半、幕藩体制に基づく将軍家の支配が確立するにともない、日本のさまざまな経済、あるいはシステムも整ってきます。

　まず、江戸幕府は、**三都**（さんと）と呼ばれる**江戸・京都・大坂**という重要都市を直轄します。大名たちは、おのおのその拠点に**城下町**を築いていきますが、城はその城下町に一つ、**一国一城**（いっこくいちじょう）というふうに制限されています。やがて**参勤交代**（さんきんこうたい）が制度化されていくと、これによって陸上交通網も整備されます。

　東海道・中山道・甲州道中・奥州道中・日光道中という、江戸から延びる5本の主要な街道で、これを**五街道**（ごかいどう）といいます。ほかに脇街道（脇往還）（わきかいどう・わきおうかん）という重要な道も、四国・九州・中国地方というふうに整備されてきます。そして、人々がここを行き交うのです。

　しかし、兵農分離によって出来上がった町、すなわち武士と商人と手工業者たちが住む町を維持するためには、大量の消費物資を町に送らなければいけません。

る。のち大大名は3年に1年、他は3年に1度100日江戸在と改正された。

物資は、主に効率のよい水上交通で移動します。陸上を移動していたのでは、間に合いません。そこで幕府は、人は陸上を、物資は水上を、という原則に従って、陸上交通のみならず、より重要な水上交通を整備します。

　まず、「**天下の台所**」として物産の集まる大坂から江戸に向かって、大量の「**下り物**」と呼ばれる物資を送らなければいけません。この江戸・大坂間の沿岸航路が**南海路**。日本海側の諸藩の物資は、主に**西廻り航路**を経て、瀬戸内海を通って大坂へ。太平洋側の東北諸藩の物資は、**東廻り航路**を通って江戸へ入ってきます。

　三都を結ぶ交通網、それから流通のための**水上交通網が整備されていくことで、幕藩体制は経済的な安定を得ることができた**わけです。もちろん、参勤交代の大名たちは、許された自分の支配地である国元と江戸を1年交代で行ったり来たりします。

　こうして、人と物が大量に行き交うようになり、江戸時代の文化の大きな基盤になっていきました。大名たちを完全に支配下においた江戸幕府は、安定期を迎えたことで、政策を大きく転換していきます。

■武断政治から文治政治へ

　ちょうど17世紀後半に入った1651年、3代将軍・**家光**が死んで、4代**家綱**に将軍が代わります。それまで幕府は、**改易・転封（国替）**といったことをしきりに行って、大名たちを震え上がらせていました。ところが、あまり改易を行うと、再就職先のない武士がたくさん出て、いわゆる**浪人（牢人）**が大量発生して、かえって社会不安のもとになります。

　そこで、家綱が将軍になってまもなく起こった幕府転覆のためのクーデター未遂事件、いわゆる**慶安事件（由井正雪の乱）**を契

126　◆　慶安事件…由井正雪、丸橋忠弥らが江戸幕府の転覆をはかった事件。このころ、

機として、幕府は威圧・武力による弾圧によって統制を続けるという**武断政治**から、思想によって社会を治めていく**文治政治**へと、その政策を転換していきます。

その際、どのような思想で大名たちを統制したか、日本を支配したかというと、それは中国から伝わった**朱子学**でした。

朱子学というのは、律令と同じく、やはり儒学をもととする思想です。それによると、支配者は一般の人々を平和で豊かに暮らさせてやらなければいけない（徳治主義）。すべての人は礼儀を重んじなければならず、臣下は主君に対して忠義を尽くし、主君はそういう臣下を慈しみ、これを豊かに暮らさせてやらなければいけない、とされていました。

すなわち、全国の大名たちは将軍に対して忠義を尽くす。将軍は大名たちの経済を保障してやる。そして武士は愚かな民である一般の農民たちを指導していく、というような考え方です。

従来は、農民たちの生活を細かく規制した「**慶安の御触書**」が有名で、教科書にも載っていましたが、どうもこれは実際には農村には発せられなかったようで、最近では教科書からも姿を消しつつあります。

それはさておき、家綱以降、文治政治に転換することになった大きな要因は、藩主に跡継ぎがなく（無嗣）、あるいは「**武家諸法度**」に反する法令違反を理由とする改易・転封などによる浪人の大量発生を受けてのことでした。

しかし、この文治政治に転換する17世紀後半以降、豊かで平和な社会が訪れるとともに、幕府は厳しい財政難という状況に追い込まれていくことになります。

江戸には大名がとりつぶされたために仕官にあぶれた浪人であふれていた。

テーマ④ 幕政改革と飢饉の時代
倹約するにも限度があります

■ 吉宗はなぜ「米公方」といわれるのか？

　江戸幕府の支配体制が安定した17世紀後半、その一方で根本的な問題が起こっていました。それは財政難でした。

　1657年の**明暦の大火**という大火事で、江戸の町がほとんど焼け、江戸城の天守閣も焼け落ちる――天守閣はその後、再建されない――といったような問題もありますが、そもそも豊かな社会を生み出した「金・銀の時代」と「大開発の時代」が、ともに終わりを告げようとしていました。

　すなわち、17世紀後半に入って金・銀の産出量が激減し、18世紀初頭には新田開発が限界に達していました。とくに前者では、幕府が主要な金・銀鉱山をほぼ直轄していたのですが、ここから金・銀があまり採れなくなってきます。文字どおり、大金持ちだったのが、お金そのものがなくなってきたのです。

　そこで、いよいよ幕府は、財政再建のために**幕政改革**をやらなければいけなくなります。

　さらに、将軍家の直系が7代将軍・家継で絶えてしまいます。そこで、**御三家**の一つ、**紀伊藩**当主の**吉宗**が8代将軍に就任します。

　吉宗の将軍就任は1716年です。時代感覚でいうと、家康が死んだ1616年から、ちょうど100年後。いよいよ幕府は、本格的な財政再建に乗りださざるを得なくなります。吉宗はまず、有能な人材を登用します。有名な**大岡忠相（越前守）**が江戸の**町奉行**として活躍するのもこの時期です。いわゆる**享保の改革**のはじまりです。

　この時代の経済は、なんといっても米が中心です。吉宗は、米

御三家…徳川家の尾張・紀伊・水戸の3家のこと。将軍の血統を絶やさぬよう

を増産し、たくさんの年貢をとって（**年貢増徴**）、財政を再建しようとしました。彼が「**米公方**」といわれるゆえんです。

緊急の措置として、最初に**上米の制**という制度で、大名から1万石について100石ずつ米を寄付してもらうという、はなはだ恥ずかしい政策をとって当面の危機を克服します。それだけでは十分ではないので、新田開発に町人の力を利用し、あるいは**定免法**という、一定期間、年貢率を固定して徐々に実際の年貢の額を上げていくといったようなことで、かなりの成果をあげて財政危機を乗り切っていきました。

■享保の改革はどこまで成功したか？

一方で、吉宗は、米だけでは駄目だと考えたのか、「殖産興業」政策、さまざまな産業を振興しようとします。また、そのような新しい産業のために、ほんとうに役に立つ学問、**実学を奨励**します。

オランダの学問も取り入れようと、儒者・蘭学者の**青木昆陽**などにオランダ語の学習を命じています。とにかくがんばって、幕府の年貢徴収率は最高潮に達するのですが、それでもやはり、抜本的な財政再建には至りませんでした。

理由は一言でいうと、**米価安の諸色高**。諸色とは、いろいろな物のことです。豊かな社会になって、米を中心とする景気、物価の変動が少なくなり、米はある程度は安定供給されて、値段がそれほど上がらなくなりました。

ところが、ぜいたくに

に徳川家康の子供が祖となっている。

なれば、買うものがたくさん増える。その諸色が高いのです。米の値段が下がったところで、他のぜいたく品の値段が下がるわけではないということです。そして、幕府や大名は、農民から主に年貢米として米で税金を徴収し、これを売ってお金に換えて、今度は都市で物を買うのです。

　すなわち、**収入は米で、支出は貨幣で**、ということになります。その貨幣による支出は諸色高で上がる一方。ところが、どんなに年貢増徴を実現しても、米価はそれほど上がらない。たくさんの年貢米をとって、これを売ると、かえって米価が下がってしまうというようなことも起こります。

　享保の改革は、たしかに一定の成果を収めたものの、幕府の税の構造、財政を抜本的に変えるところまでは至らなかったわけです。吉宗は、将軍職を息子の家重（いえしげ）に譲った後も、大御所としてしばらくがんばりますが、1751年に死んでしまいます。文治政治を展開した4代家綱の就任から、ちょうど100年後になります。

　大雑把にいえば、18世紀前半は、享保の改革という最初の幕政改革期です。

■田沼政治の功罪と寛政の改革

　ところが、それから約20年後、**田沼政治**と呼ばれる老中・**田沼意次**（たぬまおきつぐ）の時代になると、幕府はさらに財政再建のために商業重視策をとるようになります。

　10代将軍・**家治**（いえはる）の側用人（そばようにん）から老中に出世した田沼は、権力を集めていくと、より商業を重視した政策をとったのです。朝鮮人参などは直接、幕府が買い上げて、それを売るといった**専売制を導入**し、商人や手工業者などの同業者団体に特権的な商売を認める代わりに、**運上・冥加**（うんじょう・みょうが）といったお金で**税金をよりたくさん取ろう**としたのです。

御三卿…徳川家の一族で田安・一橋・清水の3家のこと。田安・一橋は8代将

田沼は、新田開発も企画して、印旛沼の干拓を行います（しかし、最後の段階で失敗しました）。ほかにも、最上徳内という人を今の北海道、蝦夷地方面に探検に向かわせるなど、**蝦夷地探検やロシアとの交易まで視野に入れていた**といわれています。

　田沼政治は**米中心から貨幣中心へ**と、幕政を抜本的に転換できるチャンスではあったのですが、いわゆる賄賂政治の非難のなかで、やがて**天明の飢饉**という、うち続く凶作・旱魃で社会そのものが大きく動揺し、田沼もまた、家治の治世が終わるとともに失脚してしまいます。

　次は11代**家斉**の時期です。**御三卿**の一つ、**一橋家**の一橋宗尹の孫が将軍になります。そして**寛政の改革**が始まります。

　御三卿のもう一つ、田安家の田安宗武の子が**松平定信**でした。定信は吉宗の孫にあたるので、将軍の養子となり、将軍になる可能性もあったのですが、養子として奥州白河藩主となっていました。この定信が老中として改革政治を行うのです。

　改革の目的は明白で、天明の飢饉からの社会復興です。吉宗にならって**倹約令**を出し、大名ごとに１万石について50石の備蓄を命じます（**囲米**）。江戸の町費節減では、節減額の７割を積み立てさせました（**七分積金**）。また、金融で巨利を得ていた米の取引業者である札差の借金を放棄させる**棄捐令**を出して、**旗本・御家人の救済**を図りました。

　定信は、思想の引き締めにも熱心でした。18世紀に入ると、さまざまな学問が流行し、朱子学は徐々に衰えていきました。あくまでも家康以来の朱子学を守るべきだと考えた定信は、「**寛政異学の禁**」という指令を出して朱子学以外の学問を禁じ、幕府の林家の学問所に有能な学者を登用します。

　定信はまた、治安問題にも知恵をしぼります。飢饉が起こると、農村から大量の農民が都市に流入して、これが社会不安の原

軍吉宗の、清水は９代将軍家重の子供が祖となっている。

因になっていました。そこで、江戸湾に浮かぶ石川島に人足寄場をつくります。そして、火付盗賊改の長谷川平蔵――池波正太郎の小説『鬼平犯科帳』の主人公――に命じて、江戸に流入した無宿者や軽微な罪人をここに収容し、職業訓練をほどこすという、本格的な治安対策、救済対策も行っています。

しかし、やがて成長した将軍・家斉との関係がぎくしゃくしたのでしょう、尊号一件という些細なもめごともあって、定信は早々と引退し、寛政の改革は頓挫してしまいます。

■大御所時代、東アジアは激動期を迎えた

やがて19世紀に入ると、家斉は自ら政治の主導権を握るようになります。この時期を大御所時代、または大御所政治といいます。しかし、これはけっして引き締まった政治とはいえないものでした。経済も大きく変質します。江戸の周辺地域の開発が進んで、生活必需品を供給する江戸地回り経済圏が形成され、大坂への依存度を低くしていきました。

ところが、またしても飢饉が襲います。天保の飢饉は1833年から1839年まで続き、ついに天領（幕領）でも、大規模な百姓一揆が起こるようになります。

幕府を悩ませたのは、それだけではありません。列強の接近というヨーロッパ勢の日本への進出が避けられないものとなってきました。

日本は、まさに内憂外患の状況に直面していました。そして1840年、東アジアの大激動の幕開けとなるアヘン戦争が勃発し、それが日本に伝えられた翌1841年に、大御所・家斉は没するのです。いよいよヨーロッパ勢が登場してくるという意味で、東アジア全体が南蛮人の登場以来となる大きな変動の時期に入ったのが、19世紀以降の大御所時代ということになります。

尊号一件…1789年、光格天皇が自身の父である典仁親王に太上天皇の尊号を贈

徳川将軍家系図

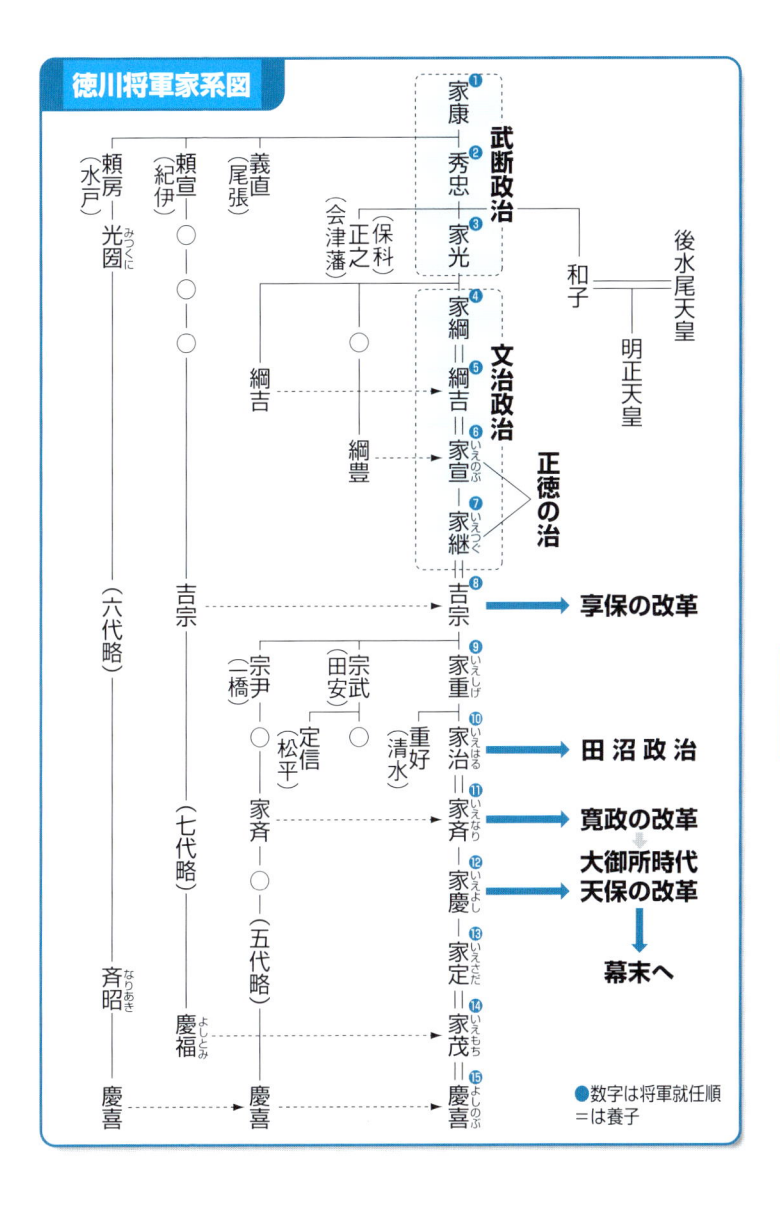

- ❶ 家康 — 武断政治
- ❷ 秀忠
- ❸ 家光 — 武断政治
  - （義直）尾張
  - （頼宣）紀伊
  - （頼房）水戸 — 光圀
  - （保科）正之（会津藩）
  - 和子 — 後水尾天皇 — 明正天皇
- ❹ 家綱 — 文治政治
- ❺ 綱吉
- ❻ 家宣（いえのぶ）
- ❼ 家継（いえつぐ） — 正徳の治
  - 綱吉
  - 綱豊
- ❽ 吉宗 → **享保の改革**
- ❾ 家重（いえしげ）
  - （宗武）田安
  - （宗尹）一橋
- ❿ 家治（いえはる） → **田沼政治**
  - 重好（清水）
  - （定信）松平
- ⓫ 家斉（いえなり） → **寛政の改革**
  - 家斉
  - ↓
  - **大御所時代**
  - **天保の改革**
- ⓬ 家慶（いえよし）
- ⓭ 家定（いえさだ） → **幕末へ**
- ⓮ 家茂（いえもち）
  - 斉昭（なりあき）
  - （六代略）
  - （七代略）
  - 慶福（よしとみ）
  - （五代略）
  - 慶喜
- ⓯ 慶喜（よしのぶ）

●数字は将軍就任順
＝は養子

ろうとしたが、老中松平定信に反対された事件。

江戸末期(幕末)
テーマ❺ 屋台骨が音を立てて崩れていく

■ なぜロシアの通商要求を断ったか?

19世紀に入って、幕政は大御所時代。そこへ天保の飢饉が襲ってきます。そして、アヘン戦争のさなかの1841年に、大御所・徳川家斉が没します。

18世紀以降、幕府は享保の改革、田沼政治、そして寛政の改革と、改革政治を繰り返してきましたが、財政難という点では諸藩も同様で、やはり改革が行われます。江戸中期にも、何人かの名君と呼ばれる有能な藩主が藩政改革に成功しています。

列強がいよいよ日本に接近してくるのは、寛政の改革が終わり、大御所時代が始まろうとしていた、まさにその頃です。

日本に本格的に進出してきた最初の国はロシアです。ロシアは北方から日本に迫ってきます。田沼意次が蝦夷地探検やロシアとの交易を考えていたという話をしましたが(→p131)、18世紀に入るともう、ロシアの毛皮商人などが日本の北の海に現れています。そして、ついにロシア政府自体が、今度は本格的に日本の港を使い、あるいは日本と貿易しようとの意欲をもつようになってきたわけです。

1792年、ラクスマンというロシア使節が根室にやってきて、「国交を開こうよ、港を使わせろ」というような要求を出します。幕府は、これをいったん断って、改めて長崎で交渉しようということで、なんとか帰ってもらいますが、1804年にはレザノフという次のロシア使節が、指定された長崎にやってきます。しかし、幕府は結局、これも断りました。

すなわち、幕府は「4つの口」と呼ばれた、当時の外交関係を

水野忠邦…1794〜1851。浜松藩主から寺社奉行、京都所司代などをへて老中と

崩そうとはしなかったわけです。幕府は、長崎を直轄して、ここに中国人の来航を許し、出島にオランダ人だけを最終的には認めて居住させていました（長崎口）。また、朝鮮半島の李氏朝鮮とは、対馬藩の宗氏を介して、朝鮮から朝鮮通信使という使節を受け入れています（対馬口）。

　沖縄については、慶賀使、あるいは謝恩使という琉球王国の使節を、薩摩藩の島津氏を通じて迎え入れています（薩摩口）。最後の一つが、松前藩が管轄する蝦夷地です（松前口）。幕府はまだ、北海道には統治を及ぼしていませんでした。

　幕府は、この「4つの口」による外交関係を崩すつもりはないと、ロシアの通商要求を断ったわけですが、そうこうしているうちに大御所・家斉が死去します。そこでもう一度、改革政治をやろうと始めたのが、天保の改革でした。

■総スカンを食った老中・水野忠邦

　大御所・家斉の死後、幕府は、老中・水野忠邦が中心となって天保の改革に乗りだします。

　そこへ、アヘン戦争で中国（清国）が敗北したことが伝わります。勝利したイギリスは1842年に南京条約を中国に押しつけ、香港を奪い、上海などを港として使用することを認めさせます。

　これを受けて幕府は、それまでの強硬な対外路線である無二念打払令、つまり「ともかく一も二もなく、近づく外国船は打ち払え」という指令を撤回して、「困っている船だったら、薪や水でも与えて帰ってもらえ」という、いわゆる天保の薪水給与令を出しています。

　幕府はまた、江戸・大坂周辺の大名や旗本らに与えていた土地を全部召し上げ、幕府直轄にしようとして、上知令という法律を出します。これは、収入を増やすという意味と、海防・治安上の

なる。天保の改革を推進したが、失敗。失脚し、隠居、蟄居を命ぜられる。

問題との両方の目的があったのですが、これを出したとたん、それまで水野忠邦に協力していた他の老中や御三家まで、みんながそっぽを向いてしまいました。基本的な領地以外にもらっていた江戸周辺の大名領・旗本領は、開発が進んで経済が発達し、非常に収益の上がる土地になっていたからです。

　水野はあえなく、わずか3年で、老中の座から引きずり下ろされました。まさに上知令による失脚ということになります。これは1843年のことです。ということは、その10年後の1853年には、ついにアメリカの使節、有名な**ペリー提督**が浦賀にやってくるわけです。

　幕府は、天保の改革が挫折した後、効果的な政治改革をしませんでした。だから、ペリーの来航に対応できなかったわけです。

■**砲艦外交の前にあっけなく開国**

　水野の次、幕閣の中心を担ったのは、老中首座の**阿部正弘**です。軍艦を並べ、大砲を向けて交渉を強要する、このような軍艦を使った外交を**砲艦外交**といいますが、阿部以下の幕閣はあっけなくペリーの砲艦外交に屈し、**黒船来航**の翌1854年に**日米和親条約を結んで、ついに開国する**わけです。

　アメリカは西部開拓が進み、蒸気船による艦隊の建設を目指していました。そして、太平洋での捕鯨業と中国貿易をにらんで、蒸気船の寄港地として、石炭を補給するためにも、日本の港を必要としたのです。

井伊直弼…1815～1860。彦根藩主、江戸幕府の大老。勅許を待たずに諸外国と

日本に最初に使節を送ってきたロシアも、ペリーと相前後して、すぐに**プチャーチン**を送ってきます。幕府は、このロシアとも日露和親条約を結んで開国に応じました。

　このように幕府は、下田・箱館（函館）などの港の使用をアメリカ、あるいはロシアに認めていったわけですが、日本に赴任してきたアメリカの総領事**ハリス**はさらに「貿易を始めよう」と、通商要求を突きつけてきます。

　幕府は結局、このハリスの通商要求に屈して、あるいはこれに応えて、大老に就任していた**井伊直弼**（いいなおすけ）が、**日米修好通商条約**以下の**安政の五カ国条約**、すなわち米・蘭・露・英・仏の5カ国との貿易開始の条約を結び、いよいよ**開国貿易が始まる**ことになります。

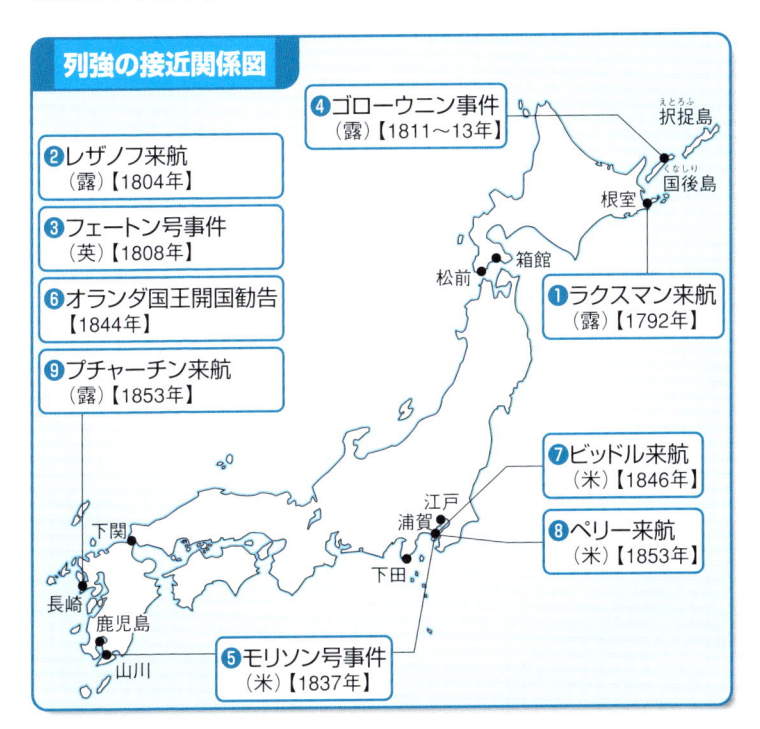

列強の接近関係図

- ❷ レザノフ来航（露）【1804年】
- ❸ フェートン号事件（英）【1808年】
- ❻ オランダ国王開国勧告【1844年】
- ❾ プチャーチン来航（露）【1853年】
- ❹ ゴローウニン事件（露）【1811〜13年】
- ❶ ラクスマン来航（露）【1792年】
- ❼ ビッドル来航（米）【1846年】
- ❽ ペリー来航（米）【1853年】
- ❺ モリソン号事件（米）【1837年】

地名：択捉島、国後島、根室、松前、箱館、下関、長崎、鹿児島、山川、下田、浦賀、江戸

条約を結ぶ。安政の大獄を断行し、そのため水戸・薩摩の浪士に暗殺された。

この開国貿易は、日本経済に大きな変動を与えます。一言でいえば、物価高、インフレを招き、さらには**金・銀比価問題**のような国際標準とのズレという問題も生じて、幕府はやがて生活苦に追われる庶民からも見放されていくわけです。

■藩政改革に成功した雄藩が登場する

　ところで、ペリーが日本に来てから、開国、修好通商条約、そして幕府が倒れるまでの過程を、一般に「**幕末**」と呼びます。この幕末の激動期というのは、歴史小説や歴史ファンが非常に多い部分で、さまざまな人々が活躍します。

　そのような個々の人々の動きやエピソードを語るのは、本書の趣旨ではないので、ここでは幕末の政局の見方・考え方というものをざっと説明しておきましょう。

　黒船来航を受けて、阿部正弘が、朝廷や諸大名にこのことを相談、あるいは報告をしました。これによって幕府独裁が一挙に崩れます。それと同時に、すでにかなり高まっていた天皇の権威と動向が、政治に大きな影響を与えます。

　冒頭で、江戸中期における諸藩の藩政改革に少し触れましたが、それは後期になっても行われています。その中で、洋式の軍備を取り入れるなどして、藩政改革に成功した藩が出てきます。

　幕末期、藩政改革に成功した藩を、俗に**雄藩**といいます。なかでも、政局を左右するまでに至った大藩が、**薩摩（薩）・長州（長）・土佐（土）・肥前（肥）**です。また、**水戸・越前（福井）・宇和島**にも、強い指導力を発揮した殿様が現れました。

　そのような諸藩が、それぞれの思惑で、幕末の政局にかかわってきます。そこに、天皇中心の日本に変えようという**尊王論**、外国を武力で追い払ってしまおうという**攘夷論**、幕府はもう駄目だという**倒幕論**、やはり幕府中心でやっていくべきだという**佐幕**

寺田屋事件…1862年、薩摩藩の一部過激藩士らが挙兵討幕を企てたため、島津

論、幕府と朝廷が協力すべきだという公武合体論などが入り交じって、政局をきわめて複雑なものにしていきます。

■攘夷決行の不可能を思い知らされた

さて、話し合い路線をとった阿部正弘が死去した後、大老に就任したのが強硬路線の井伊直弼で、朝廷に無断で日米修好通商条約を結びます。その専制に反対する大名・志士たちを安政の大獄で弾圧しますが、それに憤激した水戸藩の浪士たちに、桜田門外の変で首をはねられてしまいます。

そこで幕府は、久世広周、安藤信正たちが中心になって、孝明天皇の妹の和宮を14代将軍・家茂に嫁がせ、天皇と将軍が義理の兄弟という形にして権力を確保しようとします。これを公武合体といいます。しかし、これはまた反発を食らって、老中・安藤信正が坂下門外の変で襲撃され、失脚します。

そこへ島津久光という薩摩藩主のお父さんが現れて、京都で寺田屋事件を起こした後、勅使を奉じて江戸に下り、幕府に対して、いわゆる文久の改革をうながします。その成果が1862年の幕府人事で、将軍後見職（将軍の補佐役）に一橋慶喜（徳川慶喜）が、京都守護職に会津藩主の松平容保が、政事総裁職に越前藩主の松平慶永（春嶽）が、それぞれ就任します。

ところが、この久光の努力は水の泡となります。長州藩の尊王攘夷派が京都に入り、朝廷を包囲してしまいます。孝明天皇に強く攘夷を迫られた幕府は、渋々ながら、翌年の1863年5月10日を期して、「攘夷の決行」を約束させられます。

そして、その約束の日、長州藩は、関門海峡を通る外国船に向かって

久光が鎮圧隊を派遣、集結場所の寺田屋で薩摩藩士同士が乱闘、死傷した。

幕末の主要事件

1858	安政の大獄（〜59年）
1860	桜田門外の変（大老井伊直弼が水戸・薩摩の浪士に暗殺される）
1862	坂下門外の変（老中安藤信正が水戸浪士に襲われる）
1862	寺田屋事件
	生麦事件（島津久光の行列をイギリス人が横切ったとして殺害）
1863	長州藩外国船砲撃（攘夷の決行）
	薩英戦争
	八月十八日の政変（公家の三条実美ら、朝廷から追放される）
	天誅組の変（公家の中山忠光らが大和五条の代官所を襲撃）
	生野の変（福岡藩脱藩の平野国臣らが生野の代官所を襲撃）
1864	池田屋事件（新選組が尊攘派浪士を襲撃）
	禁門の変（薩摩・会津の兵が長州藩と戦う）
	第1次長州征討
	四国艦隊下関砲撃（イギリス・オランダ・フランス・アメリカの4カ国が下関砲台を攻撃）
1865	長州再征発令
1866	薩長同盟
	第2次長州征討
1867	大政奉還、薩長に討幕の密勅下る

砲撃を始めました。幕府は、海峡の封鎖を解除することができず、結局、米・蘭・英・仏の4カ国の連合艦隊が組織されて下関砲撃が行われ、長州藩はあえなく屈服します。

もう一つ、島津久光が江戸に下向した帰途、京都に戻る途中で**生麦事件**を起こしています。これは、イギリス人を殺傷したものですが、この和解がなかなか進みません。大名の行列の前を一般人が横切るのは非礼だ、国内法では違法だ、と薩摩が折れないからです。

もちろん、イギリスも、納得しません。幕府は間に入ったものの、問題を収拾できず、その結果、なんとイギリス艦隊が鹿児島

山内豊信…1827〜1872。土佐藩主。号は容堂。安政の大獄により一時蟄居した

湾に現れて、薩摩藩の砲台と砲撃戦を展開し、結局、薩摩が屈服するということになります。

この生麦事件にともなう**薩英戦争**と、先の長州の攘夷決行にともなう**四国艦隊下関砲撃事件**は、決定的な意味をもってしまいます。従来、しばしば対立していた薩摩と長州は、「幕府は役に立たない」という共通の認識を改めて確認します。それと同時に、武力によって外国を追い払うことなど、口では言えても、絶対に不可能、現実的ではないことを、身をもって悟ったのです。

■武力倒幕される前に大政奉還を

こうして、**薩摩と長州は武力倒幕路線に転換**しました。まず、土佐の脱藩浪士である**坂本龍馬**が間に入って、秘密のうちに**薩長同盟**が結ばれます。新しい政府が国家の改革をするためには、天皇をかついで、幕府を倒さなければいけない。そして、開国を認めて、新しい日本をつくっていこうということになったわけです。

このように、薩長が倒幕に走ろうとする時に、なんとか天皇を政治の表舞台にかつぎだすとともに、幕府の支配体制をある程度そこに温存させようという、天皇のもとでの大名たちの合議体制のような政治構想も持ち上がってきて、これを推し進めたのが、土佐藩の前藩主・**山内豊信（容堂）**です。

混乱する政局のなかで行きづまった幕府は、「**最後の将軍**」に就任した慶喜の段階で、ついに山内豊信の公議政体論に基づく**大政奉還**路線、「政権そのものを天皇に返しましょう」という意見をそのまま受け入れます。そして1867年、天皇に「全国政治の権限をお返しします」「将軍としての全国政治をやめます」と、申し出ることになったわけです。これが、いわゆる**大政奉還**です。

が、許されたのち慶喜に大政奉還を奏上した。明治新政府に参加。

COLUMN 4

江戸の文化は多様でござる

　近世の文化というと、最初はヨーロッパの影響を受けた「南蛮文化」ですが、こちらは江戸時代になってキリスト教が禁止され、表面からは姿を消していきます。ただカッパとか、カステラといったような日常的な言葉は、ポルトガル語などがそのまま残っていきます。

　そして江戸時代。江戸前期の元禄文化で一つの頂点が訪れます。井原西鶴、近松門左衛門、そして松尾芭蕉といったような、お馴染みの有名な人たちが登場します。国家支配の理念として、儒学（とくに朱子学）が文治政治とともに定着していき、一方で陽明学、やがて日本独自の儒学である古学も発達します。

　やがて経済学にあたる経世論も盛んになってくる。そして、8代将軍・吉宗の頃から、オランダの学問を学ぼうということになって、蘭学が発展します。一方で、中国やヨーロッパの学問ではない、日本独自の学問を目指す国学も、江戸中期以降に発達していきます。

　また一方で、庶民が寺子屋に通って、読み、書き、ソロバンという基礎教育を多くの人が受けるようになります。

　このように、江戸時代の文化というのは非常に多様で、そしてその多様な文化が完全に広がっていったのが、19世紀以降の、いわゆる化政文化です。

　ある意味で、かなり近代的な文化、近代と同じような文化状況というのが、すでに江戸後期には成立していたわけです。

日本の近代とは何か？

5日目

洋服を着た「神」を見たか？
　明治政府の成立

天皇は神聖にして侵すべからず
　明治政府の政治

焦点は朝鮮半島にあり
　明治政府の外交

よみがえる古代としての明治
　明治の精神

5日目 日本の近代とは何か？

ツボ▶▶▶ 天皇を「神」とし、欧米に範を求

　開国、そして貿易の開始、それにともなう混乱の中で幕府は、ついに政権を手放しました。幕府を倒す中心となったのは、薩摩と長州の同盟、「薩長同盟」でした。彼らは、政権を返した15代将軍の徳川慶喜をそのままに放っておかず、武力倒幕の既定方針に従って「王政復古の大号令」を発し、そして「戊辰戦争」という内乱が始まります。

　この内乱に勝って、天皇を中心とする藩閥政府と呼ばれる明治政府の中枢が確定します。外圧、そして敗戦、続く内乱、その結果登場した支配者という意味では、天武天皇とこの明治天皇は同じような経緯から誕生した天皇といえます。

　そして、その2人は、ともに「神」として強く意識され、あるいは演出された天皇であったわけです。その結果、古代国家がそうであったように、この明治天皇政府は、まず戸籍を作成し、そして武士だけが戦う階級であった江戸時代を否定して、国民に徴兵義務を負わせて国家軍を構成する。これを最初の目標としました。

　その後、行政府である内閣制度、続いて憲法、そして議会が始まります。もちろん、欧米を模範とする西洋風の近代国家を目指したわけです。戸籍によって律令農民に兵役義務を負わせて国家軍をつくった律令国家と同じような構成ですが、律令国家が中国を目標にしたように、この明治の近代国家は欧米をその目標にしました。

　「大日本帝国憲法」で天皇は万世一系とされ、すなわち「神聖な神である」とされたわけです。そして、古代において朝鮮半島が

めた新生・明治国家の栄光と苦悩

焦点であったように、近代においても、やはり朝鮮半島が外交上の最大の焦点でした。

そして、明治政府は、日清・日露、そして大正に入って第1次世界大戦と、10年ごとに戦争を繰り返します。この日清・日露戦争は、日本が清国、そしてロシア帝国と、いずれも朝鮮支配を争った戦争です。日本はこの2つの戦争に勝って、ついに1910年、朝鮮半島の国、大韓帝国を消滅させる「韓国併合」にたどり着きます。と同時に、幕末に幕府が結んでしまった欧米との不平等な条約、屈辱的な条約を完全に対等なものに変える、この条約改正の作業も翌1911年に達成させます。

すなわち、明治国家は、神である天皇を中心に、アジアにおいて清国を凌駕して韓国を支配し、そして一方で近代化の努力をしながら、欧米に追いつくという路線をひた走ったわけです。

明治政府の成立

テーマ❶ 洋服を着た「神」を見たか？

■王政復古の大号令から戊辰戦争へ

　将軍・徳川慶喜が、前土佐藩主・山内豊信（容堂）の建白を容れて、「政権を天皇に返す」と言いだしました。困ったのは、武力で幕府を倒そうとしていた薩摩と長州、それに急進派の公卿・岩倉具視たちです。彼らは1867年12月、明治天皇の名で王政復古の大号令を発して、一挙に幕府そのものをつぶそうとします。

　王政復古の大号令とは、「神武天皇の昔に返り、これからは天皇親政でいく」という天皇の宣言で、西郷隆盛や岩倉らはその日のうちに小御所会議を開いて、慶喜からすべての権限と経済力を奪い取ることを決定しました。

　ここに至って、もはや戦争は避けられなくなり、翌1868年1月、戊辰戦争が勃発しました。最初の戦闘、京都郊外の鳥羽・伏見の戦いで、旧幕府軍は人数で優りながら、あえなく敗北。

　薩長を中心とする政府軍は、軍備の近代化を周到に進めていま

146 ◆　戊辰戦争…1868年の鳥羽・伏見の戦いから翌1869年の箱館戦争までの旧幕府軍

した。幕府もそれなりに進めてはいたのですが、薩長のそれにはかないませんでした。この時点で、慶喜は政権に返り咲くことをあきらめました。もう、抵抗はしません。

　しかし、それに納得しない人々がいます。江戸城は**西郷隆盛**と**勝海舟**の談判の結果、**無血開城**となりますが、上野では彰義隊が抵抗し、さらに戦火は東北に波及し、最後に旧幕府海軍の副総裁・**榎本武揚**が箱館（函館）の**五稜郭**で降伏する翌1869年5月まで、1年以上も内乱が続きました。そして、この**戊辰戦争**において、政府軍は常に「**錦の御旗**」を掲げました。**官軍**（天皇の軍隊）であるという正当性を主張したわけです。

■廃藩置県で幕藩体制は崩壊した

　戊辰戦争の過程にあって、1868年3月、新政府は**五箇条の誓文**を発し、新天皇、すなわち**明治天皇**が神々と先祖に誓うという形で、その基本方針を示しました。

　第1条に「広ク会議ヲ興シ、万機公論ニ決スヘシ」とあることが象徴するように、天皇は、人々の協力を仰ぎ、開かれた新しい政治を目指すことを宣言しました。なお、この年の9月、**改元**して明治元年となります。

　そして戊辰戦争が終結した翌月、6月に**版籍奉還**が実現します。版は土地、籍とは人です。薩摩（薩）・長州（長）・土佐（土）・肥前（肥）の4藩主が、自分の支配している**土地（藩土）と人（藩籍）の支配権を天皇にお返しする**、というものです。

　ここに、天皇は名目的に、全国の土地と人を支配する権力者となりましたが、各藩の殿様たちは、名前こそ**知藩事**と変わったものの、城にそのまま住むことができたので、その実体はそれほど変わったわけではありませんでした。

　ところが1871年、いきなり**廃藩置県**が命ぜられます。藩が廃止

と新政府軍の戦いをいう。京都から関東、会津、新潟などが戦場となった。

され、そのすべてが中央政府の直轄になりました。ここに、江戸幕府は名実ともに倒れ、**幕藩体制は完全に崩壊して、天皇のもとに全権力が集中した**わけです。

江戸時代の封建制度、いわゆる士農工商（四民）の身分制も廃止されます。旧支配者階級や旧高級公卿たちは**華族**、武士たちは**士族**、農民や職人・商人たちは**平民**となり、人々はみな平等、たとえ身分が違っても、結婚は自由にしてよいという**四民平等**の原則が宣言されました。

■戸籍がなければ、話にならない

ところで、新政府にとって何よりも大事なのは、**戸籍の作成**です。廃藩置県と同じく1871年に**戸籍法**が発令されました。

ここで思い出されるのは、古代政府が律令体制という中国風の体制に移る時、最初に熱心に取り組んだのが、同じく戸籍の作成だったということです。天智天皇の庚午年籍、持統天皇の庚寅年籍を経て、8世紀に入ると、戸籍制度が実際に運用されるようになります。

中央政府が、自分の支配する領土の中に、何人ぐらいの人がどこに住んでいるかを把握すること、これが中央集権の大前提です。戸籍制度が崩れた9世紀以降は、どんなに天皇が偉く、将軍に権威があろうと、彼らは自分が支配する領土に住んでいる人々の数を正確に把握できなかったのです。

まして江戸時代の幕藩体制ともなると、藩は一つの国のようなものです。幕府と藩は、おのおの自分の受け持つ範囲内において、検地などを行っていましたが、全国の人口を正確に把握することは容易なことではありませんでした。

近代国家を目指す新政府が、天皇政府として、まず戸籍を作ろうとしたのは、きわめて妥当な選択だったといえるでしょう。

148 ◆ 明治天皇…1852～1912。父は孝明天皇。16歳で即位。1869年、江戸城を皇居とし

それは、天武天皇以降の律令政府が、戸籍を作ったうえで中央集権体制の律令体制を導入していったのと、まったく同じ意味です。白村江の戦いに敗れ、国防に追われるなかで天智天皇が亡くなる。外圧・敗戦という国家危機のなかで、政権交代がなされたわけです。それが、壬申の乱という天皇の地位をめぐる内乱でした。

　近代においても、ペリーの砲艦外交から薩英戦争、四国艦隊下関砲撃事件に至る外圧・屈服という国家危機の後、戊辰戦争という長い内乱を経て、中央集権政府が発足していく。その時に戸籍を作るのです。

　くどいようですが、もう一度、整理します。白村江の戦い（＝敗戦）、壬申の乱（＝内乱）を経て、戸籍作成（＝中央集権）へ。ペリー以来の外圧（＝屈服）、戊辰戦争（＝内乱）を経て、戸籍作成（＝中央集権）へ、ということです。

　戸籍作成の目的は、国家軍を形成することです。唐・新羅連合軍の圧力という国家危機に対して、律令農民を徴兵制で組織す

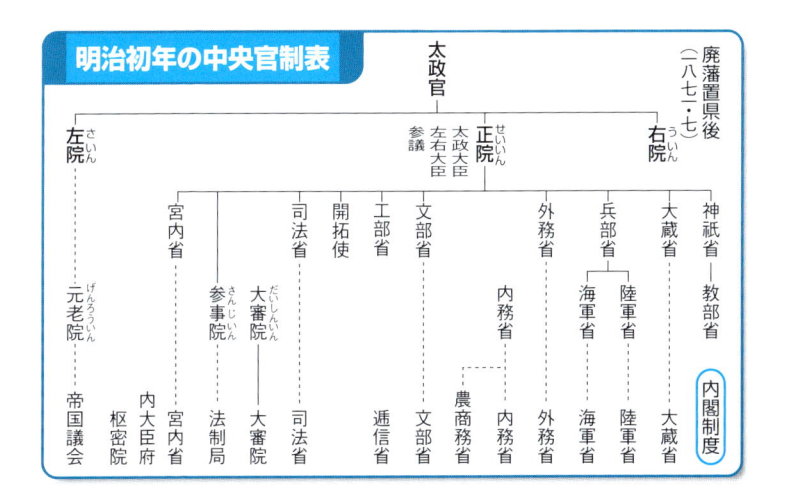

明治初年の中央官制表（廃藩置県後（一八七一・七））

太政官
- 左院
  - 元老院
    - 帝国議会
- 正院（太政大臣・左右大臣・参議）
  - 宮内省 → 参事院 → 宮内省 → 内大臣府・枢密院
  - 司法省 → 大審院 → 大審院 → 司法省
  - 開拓使 → 法制局
  - 工部省 → 逓信省
  - 文部省 → 文部省
  - 外務省 → 内務省 → 農商務省 → 内務省・外務省
  - 兵部省 → 海軍省・陸軍省 → 海軍省・陸軍省
  - 大蔵省 → 大蔵省
- 右院
  - 神祇省 → 教部省
  （内閣制度）

て東京遷都。政府の統帥権を総轄した。

る、これが律令の軍政の基本でした。

近代国家においても、天皇政府はまず戸籍を作り、そしていよいよ**徴兵制**を敷いていきます。武士はお払い箱になり、国民の中から広く兵を集めて、**国家としての軍隊をつくる**のです。

ここで注目したいのは、憲法も刑法も民法も、あるいは近代的行政組織も、それらはずっと後回しにされた、ということです。憲法（大日本帝国憲法）や議会（帝国議会）に至っては、約20年以上経ってからです。

明治政府が何よりも最初に急いだのは、戸籍の作成。そして、それに基づく徴兵制、軍隊制度、国家軍の形成であったことは、ぜひ覚えておかなければいけません。

■土地・税制も近代化された

もちろん、戸籍だけで近代国家が成り立つわけではありません。土地・税制もまた近代化していく必要がありました。そして、その前提となるのは、やはり戸籍であるのは言うまでもありません。

また、**新貨条例**という法律でお金の単位を「**円・銭・厘**」に統一し、一方で、土地の価値も、江戸時代のように米の量、石高ではなく、金額で表すことにしました。

そして、土地の金額を決めたうえで、その土地が100円と決まれば、その3パーセントの3円を土地に対する税金（**地租**）として払いなさい、ということにしました。このような一連の土地・税制の改革を**地租改正**といいます。

■不当な扱いを受けた沖縄と北海道

さて、明治政府が出来上がっていく過程で、絶対に見逃してはいけないのは、前にも述べた「**3つの日本**」という考え方です

---

150 ◆ 明治政府は北海道開拓のため開拓使をおき、札幌にその本庁をおいた。また旧

（→p24）。もう一度、簡単に整理しておきましょう。

日本という国は、けっして一つの文化で成り立っているわけではありません。弥生文化は、あくまでも本土（本州・四国・九州）を中心とする中枢部の文化であって、蝦夷地（北海道以北）には独特の続縄文文化が、そして琉球王国（沖縄）を含む南西諸島には貝塚文化が、別に独立して存在していました。

律令国家の日本の領域には、この残りの「2つの日本」、北海道以北と沖縄方面は含まれていません。その外側は、まさに華夷秩序の「夷」として位置付けられたのです。

そして、明治政府は、江戸時代の「4つの口」という体制をそのまま引き継ぐ形で、結局は沖縄を領土に組み込みます。ただし、これは琉球処分と呼ばれるように、軍事的圧力のもとに琉球王国を解体した過程を示しています。廃藩置県で藩がなくなった翌年の1872年、琉球王国は琉球藩とさせられて、琉球王国の王・尚泰は琉球藩王となり、1879年には沖縄県となって、中央政府の支配下に入っていきます。

また、北海道に関しては、ついに国家というものが形成されることがなく、アイヌ民族の居住する地域は松前藩が支配していましたが、ここは中央政府が直接、開拓使という役所を置いて統治を進めていきます。

このように、「3つの日本」というものは、明治の新しい国家形成の時にも、そのまま原則として引き継がれます。そして、沖縄や北海道は、本土とは違った差別的な扱いを受け続けます。それはたとえば、沖縄や北海道にはなかなか選挙権が与えられなかった、といったような面からも見てとれるわけです。

士族のために屯田兵制度を設けた。

明治政府の政治
テーマ❷ 天皇は神聖にして侵すべからず

■ 西南戦争と内閣制度の発足

　戊辰戦争の内乱を勝ち抜いた明治政府の中枢は、薩摩・長州を中心とする藩閥の中心人物、**大久保利通、西郷隆盛、木戸孝允、伊藤博文、山県有朋**といった、のちに総理大臣を歴任するような人々によって構成されていきました。

　いわゆる**有司専制体制**を固めていきます。「司」にある人、すなわち一部の役人が、専制的な権力を握ったのです。その権力の根源は、「神」である天皇から政治を任されたということを根拠にしたものでした。もちろん、そのような体制に対して、反発はさまざまに起こりました。

　また、1873年には**明治6年の政変（征韓論政変）**が起こって、政府から**西郷隆盛、板垣退助、後藤象二郎、江藤新平**らが飛び出し、翌年には**民撰議院設立の建白書**、すなわち選挙による議会を開け、との要求を突きつけます。

　あるいは、やがて豪農たちも加わって、**国会期成同盟**という、

明治6年の征韓論争対立図

征韓派		非征韓派
	大臣	公卿 岩倉具視
土佐 板垣退助　薩摩 　　　　　西郷隆盛 肥前　　　肥前 副島種臣　江藤新平 　　　　　土佐 　　　　　後藤象二郎	参議	薩摩　　　　　肥前 大久保利通　大隈重信 長州　　　　　肥前 木戸孝允　　大木喬任

秩父事件…1884年、埼玉県秩父郡で、秩父自由党員と農民が蜂起、農民軍を組

政府に対して国会の開設を迫る運動も高まりました。その過程で士族の特権と名誉を傷つけられた**不平士族の反乱**も西日本を中心に相次ぎました。その最大のものが、西郷隆盛が賊軍の首領とされて、戦死するに至った1877年の**西南戦争**です。

この年、**木戸孝允**が病死し、翌年にはこの大きな内乱を切り抜けた**大久保利通**も暗殺されてしまいます。西郷・木戸・大久保の、いわゆる「**維新の三傑**」はここに姿を消し、以後は**伊藤博文・山県有朋・黒田清隆・大隈重信**らが政府の中枢を形成します。

1881年、国会の早期開設を主張する大隈が政府を追われ（**明治14年の政変**）、伊藤は、1890年を期して国会を開くことを、明治天皇の名前で約束します。

その後、**松方デフレ**という、大蔵大臣・**松方正義**による極端なデフレ政策のもとで、貧窮した農民たちが立ち上がる**激化事件**が相次ぎます。その最大のものが**秩父事件**です。

やがて国会開設を目指す政党活動が解消・崩壊してしまうなか、1885年、現在につながる**内閣制度が発足**します。近代的な行政府とするため、太政官制が廃され、天皇の身辺の世話と補佐をする宮中と、天皇の公的な任務を補佐する府中（内閣）とに分離し、「**宮中・府中の別**」を明らかにしたのです。

初代の内閣総理大臣には、伊藤博文が就任します。天皇が指名し、各大臣も天皇が直接任命するというもので、国会が総理大臣

織して郡役所、警察、高利貸を襲撃した事件。

不平士族の動きと政治・外交	
1873	西郷隆盛、朝鮮派遣中止
	西郷、板垣ら政府を辞任
1874	民撰議院設立建白書提出（不平士族が同調）
	佐賀の乱（江藤新平ら不平士族の反乱・佐賀）
1875	江華島事件（翌年、日朝修好条規を結ぶ）
1876	神風連の乱（太田黒伴雄らの反乱・熊本）
	秋月の乱（宮崎車之助らの反乱・秋月）
	萩の乱（前原一誠らの反乱・萩）
1877	西南戦争
	西郷隆盛自刃
1878	大久保利通暗殺

を選ぶ現在とは、その中身はずいぶん違っていました。

そして、伊藤が中心となって、天皇の諮問機関である**枢密院**の審議を経て、1889年に**「大日本帝国憲法」（明治憲法）**が発布されます。その中で天皇は「**神聖にして侵すことのできない神**」であると明示され、統治権、すなわち国家支配の全権を握ることとなったのです。

■ 1パーセントの民主主義で議会制度が始まった

そしてようやく憲法に従って、**帝国議会**が開かれます。**貴族院・衆議院**の**二院制**をとり、貴族院は旧支配者層の中から選ばれる議員によって構成され、選挙はありません。

衆議院は選挙がありましたが、25歳以上の男性で**直接国税**（国に直接納める税金）が15円以上でないと選挙権が与えられないという**制限選挙**で、全人口の約1.1パーセントにしか選挙権はありませんでした。いわば「1パーセントの民主主義」で議会制度が

大日本帝国憲法下の国家機構

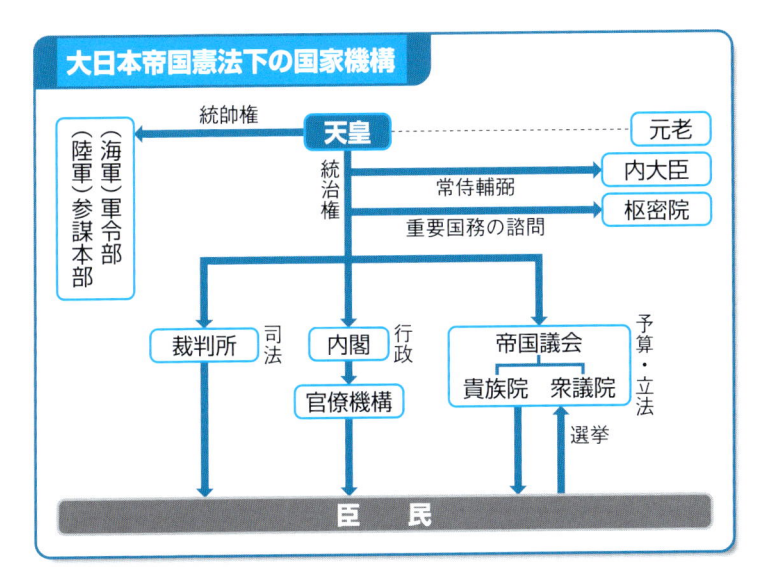

```
                      統帥権    天皇 ------------ 元老
(海軍)軍令部              ↑  統治権  常侍輔弼  → 内大臣
(陸軍)参謀本部             │        重要国務の諮問 → 枢密院
                          │
        ┌─────────┼─────────┐
       裁判所     内閣         帝国議会
       (司法)    (行政)       貴族院 衆議院
                 ↓           (予算・立法)
               官僚機構            ↑選挙
        ↓        ↓        ↓        ↓
              臣　　　民
```

始まったことになります。

しかし、曲がりなりにも、選挙によって世論が示され、人々によって選ばれた衆議院議員が国会を構成するという点で、日本もようやく**議会制民主主義**の段階に入ったことになるわけです。

しかし、いざ始まってみると、伊藤たちの思惑とは違って、あるいは予期したことではあれ、初期の議会では、伊藤・山県ら有司専制体制を構成してきた**藩閥政府**に反対する野党勢力の**民党**が、衆議院において過半数を占めてしまいます。

第一議会から第六議会までは、**初期議会**と呼ばれますが、衆議院の過半数は常に反政府派——民党、あるいは**対外硬派**と呼ばれる外交における強硬派——が握ってしまいます。

■「大日本帝国憲法」と天皇の統帥権

しかし、何しろ議院内閣制ではないので、政府はこれを強硬に抑え込んでいきます。そして、朝鮮半島における軍事的優位を常

日本国憲法の施行により廃止。

に保つため、海軍の増強を目的とする軍事費を確保していきます。

とくに第四議会においては、事実上、軍事費を認めさせるように、天皇の言葉で議会を説得します。「建艦詔書」と呼ばれる天皇の命令で、ともかく軍備拡張を実現したのです。

ところで、「大日本帝国憲法」は、「天皇が定め、これを国民に与える」という形で発布されたものです。このような形式のものを欽定憲法といい、現在のように国民の代表者である議会が決めるという民定（国民の決めた）の憲法ではありません。

これは、まさに古代の律令と同じで、天皇が一種の恩恵として、国民に国の基本ルールを示すという形でした。そして、天皇は、その中で自らを主権者と位置付け、国民を臣民（臣下たる民）と呼びます。

議会は、先に述べたように貴族院と衆議院で、衆議院のみが制限選挙で選ばれる世論を反映したものでした。

そして、天皇は、通常は国会に任せてある立法権を、緊急時には自ら発動できる、いわゆる緊急勅令権をもっていました。また、重要な国務、たとえば外交条約を認めるか、認めないかなど、重要な国務について迷った時のために、枢密院という諮問機関がおかれていました。

軍隊に対しての指揮命令権、すなわち統帥権は基本的には内閣に与えられず、天皇のもとで、参謀本部（陸軍）が直接、それを行うという形がすでに出来上がっていました。

つまり、「大日本帝国憲法」によって国家の基本的な枠組みができたのではなく、軍隊はすでに存在し、統帥権もほぼ確立しており、そして内閣も発足していました。「大日本帝国憲法」は、それらをそのまま組み込んだ形で作成されたのです。

◆ 超然主義…政府は議会・政党に左右されることなく、超然と独自に政策の実現

■薩摩と長州に独占された藩閥政府

こうして明治政府が発足していったのですが、その政権は薩摩・長州のたらい回しによるものでした。天皇によって任命された、世論を反映しない**藩閥政府**と呼ばれる政府でした。

そこで、藩閥政府は**超然主義**を主張しました。極端にいってしまえば、**世論無視の内閣であることを自ら認めていた**わけです。議会、衆議院に対して、たとえ反対の勢力が過半数を占めても、政府は「超然」とした態度をとる、と開き直ったのです。

日清戦争が勃発するまで、伊藤博文の第1次内閣から、黒田（清隆）・山県（有朋）・松方（正義）・伊藤・松方・伊藤、つまり、長州・薩摩・長州・薩摩・長州・薩摩・長州というふうに、**長州と薩摩の藩閥の大物が内閣総理大臣のポストをたらい回しに運営していった**時代、これが**初期議会**ということになります。

を図るとしたもの。

明治政府の外交
テーマ❸ 焦点は朝鮮半島にあり

■ 条約改正と朝鮮問題が外交の課題だった

今回は、天皇を「神」とし、戸籍制度に基づく徴兵制を施行する明治国家が抱えた外交の課題について、考えていきます。

明治政府の外交の課題は、大きく2つありました。一つは、幕末に幕府が列強と結んだ不平等条約を対等なものにする、いわゆる**条約改正**です。結論からいえば、第1次（1894年）と第2次（1911年）の2段階を経て、ようやく日本は欧米と対等になります。

もう一つは、朝鮮問題ですが、これは朝鮮半島の韓国を日本の領土にしてしまう、いわゆる**韓国併合**という形で決着がつきます。その過程で日本は、日清・日露の2度の戦争を戦います。

そして、2つの外交の課題は、1910年の韓国併合、翌1911年の第2次条約改正と、明治の末になって、いずれも明治政府の思惑どおりの形で決着を見るわけです。

そこで、朝鮮をめぐる問題をふり返りましょう。江戸時代、**李氏朝鮮**は江戸幕府に対して、対馬藩の宗氏を介して朝鮮通信使を送ってきました。幕府とは長い付き合いだったわけです。

徳川の幕府を無理やり倒した明治の天皇政府に対して、李氏朝鮮側は、すんなりと国交を開こうとしません。日本側は、なんとか朝鮮を外交の相手とし、あわよくば、これを支配しようという意欲にかられています。

朝鮮との国交がスムーズに開始できないことに業を煮やし、**征韓論**を唱えて朝鮮に乗り込もうとする**西郷隆盛**らを制止して起こったのが、1873年の政変（**明治6年の政変**）でした。

江華島事件…1875年、日本の軍艦が朝鮮の江華島付近で挑発行為をしたため砲

西郷の朝鮮派遣は見送られましたが、その後、日本の軍艦が朝鮮で起こした江華島事件をきっかけに、日本は軍事的圧力をかけて、1876年、日朝修好条規という不平等条約を朝鮮政府に押しつけます。

　これは、朝鮮政府側は貿易に関税をかけることができず、さらに日本に対して治外法権、つまり領事裁判権を認めるといった、日本が列強から押しつけられた不平等条約以上に不平等なものでした。

　朝鮮政府は動揺しますが、政府内に争いが絶えないため、確固とした政権が誕生しません。当然、日本と同じく欧米風の近代化を目指すグループと、もとの状態に戻そうとする——日本の攘夷論のような——動きが出てきます。

　その結果、壬午事変、甲申事変というクーデターが相次いで起こります。そのたびに清国が軍隊を派遣してこれを抑え、清国の朝鮮支配がかえって強まっていくわけです。

■火種を残した日清戦争の勝利

　もともと清国にとって、朝鮮は中国に朝貢してくる属国だとの認識があり、日朝修好条規などという、日本が押しつけた条約そのものを認めないという立場でした。

　一方、日本は、朝鮮は独立国なのだから結んだ条約は守れ、という立場で、日朝修好条規を正当なものと考えました。日朝修好条規を認めない、認めろという争いは、まさに朝鮮政府を清国が支配するか、日本が支配下におくかという、互いに譲れない争いでもあったわけです。

　そこへ、日本の幕末に起こったように、農民が多数加わる騒擾事件が朝鮮でも起こります。それが、1894年の甲午農民戦争（東学党の乱）といわれる大反乱でした。

撃された。日本ではこれを機に朝鮮の開国を強要した。

日清戦争要図

大連 94.11.7
奉天（瀋陽）
鴨緑江
清
朝鮮
← 日本軍の進路
数字は占領年月日
遼東半島
平壌 94.9.16
旅順 94.11.21
黄海海戦 94.9.17
元山
仁川
漢城
日本海
威海衛 95.2.12
江華島
山東半島
豊島沖海戦 94.7.25
黄海
釜山
対馬
下関
日本
済州島

　これに対して、日清両国は、**天津条約**に基づいて事前に通告したうえで、朝鮮に軍隊を派遣します。そして、日本は、内政干渉的な強硬な要求を朝鮮政府に突きつけて、ついに清国との戦争に持ち込むわけです。

　この**日清戦争**に勝った日本は、1895年、**下関条約**で多額の賠償金を得て、領土まで割譲させました。台湾、および澎湖諸島と遼東半島です。

　しかし、ロシアの呼びかけでフランス・ドイツが加わった3国が、それは清国や朝鮮の独立を脅かすものだと、遼東半島の清国への返還を求めます。この「**三国干渉**」に屈服した日本は、やむなくこれを返します。

　以後、日本は「**臥薪嘗胆**」を合言葉に、「三国干渉」を主導したロシアに対する敵愾心をむきだしにして、軍備拡張にひた走ることになるのです。

■アジアに伸びる大国ロシアの影

　ところで、日清戦争の勝利が何を意味するかというと、一つは、清国が崩壊への道の第一歩を踏み出したことです。実際、清という王朝は、1911年に**辛亥革命**が起こって、その翌年につぶれてしまいます。奇しくも1911年は、日本が第2次条約改正に成功

明治以前、日本では太陰暦を採用していたが、1872年に暦法を改め、太陽暦を

して、欧米に追いついた年でもありました。

さて、下関条約に話を戻すと、清国政府はこの時、朝鮮が独立国であることを認めていました。ところが、清国を排除して、日本の朝鮮支配は進んだかというと、逆に後退してしまいます。前から狙っていたロシアが、朝鮮政府の支配に乗りだしたからです。

一方で、清国は利権を次々と列強に奪われていきます。これを**中国分割**といいます。とくにロシアは、日本に遼東半島を返還させておきながら、遼東半島の港である旅順・大連を租借して、やがて旅順を強固な軍港とし、大連を国際貿易港としていきます。

こうして朝鮮政府は、完全に親露的な政権になっていきます。李氏朝鮮は、大日本帝国に対抗して、国の名前を大韓帝国と名付けます。世界から見れば、ちっちゃな島国の日本と、朝鮮半島の小さな国が、いずれも「大」をつけるというのは、かなりおかしなことだったと思いますが、やはり島国のイギリス（グレイト・ブリテン）にも「大」がついているので、まぁいいかといったところでしょう。

このように、清国は列強の侵略を次々と受けていましたが、1900年にはそれに対する民衆によって、**義和団事件**が起こり、その反乱は北京に拡大します。危機に陥った列強の公使館を救うため、日本を含む8カ国が軍隊を派遣しますが、なんとロシアは、中国東北部、いわゆる満州地域を占領したまま、事件解決後もそこを動こうとしませんでした。

■日露戦争の勝利で溜飲を下げた

朝鮮に対して影響力を強めるだけでなく、中国東北部を完全に占領してしまうロシアに対して、日本では「ロシア討つべし」とする主戦論と、いやロシアとの戦いは避けるべきだとする非戦論が戦わされました。しかし結局、主戦論が圧倒的に有利となって

採用し、1872年（明治5）12月3日を1873年（明治6）1月1日とした。

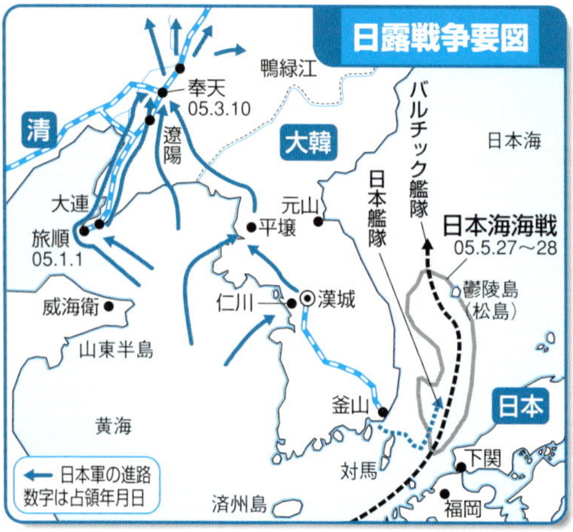
日露戦争要図
鴨緑江
奉天
05.3.10
清
遼陽
大韓
大連
旅順
05.1.1
元山
平壌
威海衛
仁川
漢城
山東半島
黄海
釜山
対馬
済州島
バルチック艦隊
日本艦隊
日本海
日本海海戦
05.5.27〜28
鬱陵島
（松島）
日本
下関
福岡
日本軍の進路
数字は占領年月日

いきます。

これには、ロシアが進めていた**シベリア鉄道**の本格稼働をにらんだ軍事的な判断があったといわれています。日本は当然、単独ではロシアと戦えないし、フランス・ドイツがロシアと共同歩調をとって参戦してくると、これはとうてい勝ち目のない戦いとなります。そこで1902年、**桂太郎内閣**は**日英同盟**の締結に成功したうえで､1904年、ついにロシアとの戦争に踏み切るわけです。

こうして始まった**日露戦争**で、日本は1905年の**旅順開城**、**奉天会戦**、そして**日本海海戦**と、まさに戦史に残る劇的な勝利を収め､「**東洋の奇跡**」と称えられました。そして、アメリカ大統領セオドア＝ローズヴェルトの斡旋を受けて**ポーツマス条約**を結び、終戦に至ります。

■周到に準備された韓国併合

ポーツマス条約では、賠償金がゼロでした。負担と借金だけが残る戦争でしたが、日本はロシアから韓国の主導権を認めさせます。そして旅順・大連の租借権を引き継いで、中国にも拠点を築きます。

さらに、ロシアが中国で経営していた東清鉄道の南部支線の長春・旅順口間の鉄道経営権も引き受けます。これは、のちの「満

 石川啄木…1886〜1912。詩人、歌人。小学校の代用教員や地方新聞の記者のか

州国」の基幹となっていく日本の権益の中心となります。

　そして、日本は、最大の課題であった韓国併合の基礎をつくっていきます。まず、日露戦争中の**第1次日韓協約**で、朝鮮政府に顧問を派遣して、日本の意向に従うように圧力をかけ、日露戦争後の**第2次日韓協約**では、なんと大韓帝国の外交権を奪って、国際社会から隔絶するという強硬処置をとります。

　そして、**伊藤博文**がハルビンで朝鮮独立運動の英雄・安重根に暗殺された翌年の1910年、ついに第2次桂太郎内閣は**韓国併合**に踏み切るわけです。

　詩人の**石川啄木**が「地図の上　朝鮮国に　くろぐろと　墨をぬりつつ　秋風を聴く」と、日本政府の他民族をないがしろにする侵略を嘆いたのは、ちょうどこの時のことでした。

　1911年、日本は第2次条約改正で、欧米と対等の外交上の地位を得ます。そしてこの年、日清戦争に敗れて朝鮮支配を放棄していた清国で**辛亥革命**が起こり、翌年には**愛新覚羅溥儀**がその帝位を追われるのです。

たわら詩や歌をつくった。生涯貧困の中にいた。著書に『一握の砂』など。

テーマ❹ 明治の精神
よみがえる古代としての明治

■日本は10年ごとに戦争していた

　明治時代というのは、10年ごとに区切ると、わかりやすくなります。

　1884年、朝鮮で**甲申事変**が起こり、翌1885年に**天津条約**が結ばれて、いよいよ日清間の朝鮮支配をめぐる争いが激しくなりました。その年に**伊藤博文**が内閣総理大臣になり、**内閣制度**が発足します。

　それから10年経った1894年、日本は**第１次条約改正**で治外法権を回復した後、**日清戦争**に踏み切り、翌1895年に勝って**下関条約**です。

　その10年後の1904年、「三国干渉」の中心だったロシアと**日露戦争**に踏み切り、翌1905年に勝って**ポーツマス条約**です。

　ちなみに、その10年後、日本はまた戦争。軍隊こそ送りませんでしたが、1914年にヨーロッパで勃発した**第１次世界大戦**に参戦します。

　すなわち、そこまでセットにすれば、日本は10年ごとに３度の戦争を戦っている。そして、いずれも勝った。気軽に考えれば、明治から大正の第１次世界大戦までは、３度の戦争に勝った輝かしい時代ということになるわけです。

　しかし、それは、長い付き合いのある隣国、朝鮮半島の韓国を、この地球上から消し去ったという悲惨な強硬外交の歴史でもあったわけであり、中国にはその後も侵略を重ね、混乱の種をまきました。今日、台湾に政府が厳然と存在するように、中国はまだ、もとの一つの中国には戻っていないわけです。

伊藤博文…1841～1909。長州藩出身の政治家。初代内閣総理大臣。憲法制定、

10年ごとの戦争

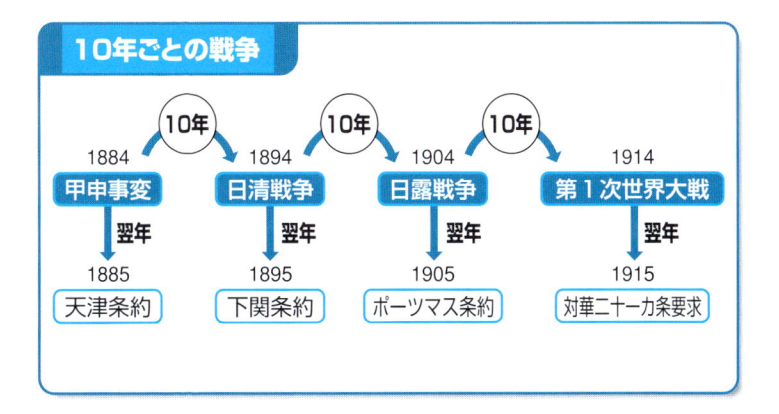

1884 甲申事変 → 10年 → 1894 日清戦争 → 10年 → 1904 日露戦争 → 10年 → 1914 第1次世界大戦

- 甲申事変 →翌年→ 1885 天津条約
- 日清戦争 →翌年→ 1895 下関条約
- 日露戦争 →翌年→ 1905 ポーツマス条約
- 第1次世界大戦 →翌年→ 1915 対華二十一カ条要求

■「神」は異国の姿で登場した

では、明治国家とはどういうものだったのかということを、ざっとふり返っておきましょう。

10世紀以降、古代の「日本」がほぼ固まりました。いわゆる古典的古代国家が成立したということを思い出しましょう。

1 国域、国土の範囲として、五畿・七道がほぼ固定した。

2 天皇を核として、摂関・院・征夷大将軍などがその権力を代行する。

3 ヤマト言葉が定着して、漢字と仮名の併用による日本語表記が定着した。

4 家の制度が確立した。

5 宗教意識としての神仏習合が定着した。

天皇制確立のために尽力した。第4次内閣まで組織。

表に示した5項目の一つひとつについて、明治国家がどのようにこれを扱ったか、あるいは、これが明治国家にどのような影響を与えたか。その話をすると、それこそ長い長い話になるので、簡単にまとめておきましょう。

　明治時代というのは、古代がもう一度よみがえったという形をとっています。少し文学的に「**よみがえる古代としての明治**」というタイトルを、私はよくつけることにしています。

　外国との戦争、外圧、敗戦がまずあって、次に大きな内乱があり、そしてその勝者こそが「神」としての天皇である。すなわち、勝者は天皇を「神」とすることによって、権力を確立していきます。天皇が強く「神」として意識された時期、それは壬申の乱に勝った天武天皇、そして明治天皇です。

「神」としての天皇は、古代においては中国風の国家をつくる先頭を走り、明治においては西洋風の国家をつくる先頭を走るという役割を果たします。そして、古代の天皇がやがて中国風（唐風）の服を正式に着たように、明治天皇もまた断髪し、洋服を着て白馬に乗った西洋風の皇帝・軍人として国民の前に現れます。すなわち、**異国の姿をまとった「神」として、天皇は登場する**わけです。

■明治政府は北海道と沖縄を不当に扱った

　古代の日本は、中国を中心とする**中華思想**に基づく**華夷秩序**の中に組み込まれますが、明治になると、中華の「華」が「中国」ではなく、「欧米」になります。そして、やがてその中心が「アメリカ」であることがはっきりします。

　古代の日本は中国追随、近代日本はアメリカ追随という基本的な形が、国家形成の段階で確立していたわけです。

　また、古代国家は五畿・七道をほぼ国域とし、これは江戸時代

にも引き継がれ、「**4つの口**」と呼ばれる窓口（長崎口・対馬口・薩摩口・松前口）を通して外交関係が設定されました。

それでは、近代になって、本土（本州・四国・九州）・蝦夷地（北海道から北）・琉球王国（沖縄）の「**3つの日本**」のうち、本州を除く「2つの日本」はどうなったのでしょうか。

北海道の先住民、ネイティブであった**アイヌ民族**は、**北海道旧土人保護法**という、きわめて差別的な名称の法律のもとで独自の文化を否定され、日本語を強制されてアイヌ語を失っていくという過程を歩みます。開拓使を置いた中央政府は、北海道をあくまでも自分たちより遅れた地域として扱います。

一方、沖縄については、本土における衆議院議員選挙法がなかなか適用されませんでした。こちらは「**旧慣温存**」といって、古い慣習をそのまま押しつけて、近代化をしなくてもよい、すなわち、農業段階のままでいろという、これまた差別的な扱いをします。

太平洋戦争以降、アメリカを「中華」とする状況がますますはっきりするとともに、沖縄は日本にある米軍基地の約75パーセントを負担させられ、それがなかなか解消されない。あるいは、日本政府がこれを積極的に解消しようとしないというように、沖縄に対する意識的な差別がまだ色濃く残り、そのまま容認されて今日に至っています。

■「ヨーロッパのるつぼ」のような外来文化

次に、外来文化の問題です。古代には**渡来人**——百済や中国からやってきた外国人——が、日本の古代文化、とくに**仏教文化**を日本に根付かせました。

明治においては、**お雇い外国人**が大量に日本に招かれて、日本人は彼らから西洋の学問・技術を急速に学びとっていくわけで

用した欧米人のこと。ラフカディオ＝ハーン、クラーク、モースなど。

す。その意味では、古代も明治も、同じような構造で外国文化を受容していきました。

　ただ、明治の場合は、ドイツ・フランス・イギリス・イタリア・アメリカ等々、さまざまな国の人々が来たので、同じ西洋文化といっても、様相の違う文化がドッと入ってきた結果、かなりの混乱が起こります。

　たとえば、民法はフランス人の法律学者**ボアソナード**の指導を仰ぎ、当時、最先端のナポレオン民法といわれたフランス民法を導入して、大騒ぎになって**民法典論争**が起こり、結局、父親（家父長）の権限の強い民法に変わるというふうに、おおむねドイツ風のものに集約されていきます。

　このように、太平洋戦争以降のアメリカ一辺倒のアメリカナイズに比べると、明治の外来文化はまさに「ヨーロッパのるつぼ」のようになっていくわけです。「ごった煮のような西洋文化」といえば、イメージしやすいでしょう。

■英語が日本の国語になりかけた!?

　次に、言葉の点にいくと、江戸時代に至るまで、支配者階層の基本的な言語、すなわち法律や公文書・手紙などは漢文でした。「神」である天皇が直接、国を支配した時期は、それほど長くはありません。「神」である天皇をかついだ権力中枢の連中は、一言でいえば官僚、それも中央集権を支える中央官僚です。実際には、彼ら中央官僚が、日本語ではなく、外国語を駆使することによって、日本を支配しました。これが、古代における漢詩文を身につけた律令官僚による支配です。

　そして、近代は、英語を中心とする西洋語を操る官僚たちが事実上、国家を支配するという形になるので、言語の面から日本史を2期に区分すると、**中国語（漢文）時代から英語時代へ**と変わ

っただけで、基本的性格は変わらないとするのが、一番素直な考え方でしょう。

　初代文部大臣の**森有礼**（もりありのり）が、「日本語を捨てて、英語を日本の国語にしよう」と提案したことがあります。明治の初めの頃は、日本人は日本語を捨てて、英語をしゃべるべきだ、との意見を真剣に論じる学者・政治家が多かったのです。

　日本の中枢部を「華」として、北海道や沖縄を「夷」とする明治の**小中華帝国主義**は、まさに古代そのままの構造といえます。そして、今日でも**象徴天皇制**（しょうちょうてんのうせい）として維持されている、天皇を核とする国家もまた、それを代行する権力が、古代の摂関（せっかん）・院（いん）・征夷大将軍から、中央官僚・薩長を中心とする**藩閥政府**へ代わっただけで、その基本的概念はほとんどそのままです。

　ヤマト言葉も、漢字と仮名の併用です。ただ、やっかいなのは、これに英語文化が重なってきたため、今日ではほとんど理解不能のようなカタカナ語が大量に、日本語の中に侵入してきています。

　その意味では、近代日本の出発点である明治に「古代がよみがえった」ことは、今日でも新たな問題をさまざまに引き起こしている、と考えなければならないのです。

の文部大臣。国粋主義者の反感をかい暗殺された。

COLUMN 5

近代日本は欧米文化のごった煮

　日本史を大きく2つの時期に区分すると、第1期は中国時代（漢文時代）。知識人、あるいは支配者たちの基本的な学問は漢詩文でした。そして、第2期は英語時代、あるいは欧米時代と呼んでもいい時代です。

　すなわち、明治以降は欧米の言語、とくに英語を中心とする時代がやってきます。もちろん、漢詩文の時代には、中国が目標とする国でした。そして今度は英語時代になって、欧米がお手本になったわけです。

　そしてそれは、文化の面でも基本的に同じでした。初代文部大臣の森有礼は、「日本人は日本語を捨てて、英語を自分たちの日常の言葉にしよう」というようなことを唱えました。もちろん採用されませんでしたが、明治には嵐のようにヨーロッパの文化が入ってきます。法律から美術・絵画などの文化面、そして、もちろん産業革命のための機械のようなさまざまな技術、これらを、多くのお雇い外国人を招くことによって急速に吸収していったわけです。

　その結果、明治の日本には、アメリカ・ドイツ・イギリス・フランス・イタリアなどの文化がどんどんどんどん入ってきたので、まさにヨーロッパがごった煮のように、日本列島という一つの小さな鍋の中に入ってくるような状況になったわけです。

　そして、英語こそが、支配者にとっての一番の武器、支配者のもつべき一番の学力ということになってきたわけです。今でも、入試科目の中心は「英語」なのです。

高鳴りやまぬ
軍靴の響き

6日目

- 天の助けか、火事場泥棒か
  大戦景気・戦後恐慌
- 協調の精神を忘れてはいけない
  護憲三派内閣・政党内閣
- 「満州国」建国はムチャな話です
  満州事変・国際連盟脱退
- なぜ広島・長崎に原爆が落ちたか？
  日中戦争・太平洋戦争

6日目

ツボ ▶▶▶

高鳴りやまぬ軍靴の響き

中国大陸への領土的野心が招い

　日露戦争からちょうど10年後、第1次世界大戦が勃発します。日本は、当時結んでいた「日英同盟」を理由に参戦し、戦勝国の側に回ります。この第1次世界大戦が終わると、世界は戦争を避け、話し合いによる外交、「協調外交」を目指していきます。

　日本は五大国の一員として、国際連盟の常任理事国にも就任して、この協調外交を積極的に担っていきます。ところが、この協調外交は、やがて日本自身の手によって破られていきます。すなわち、第1次世界大戦中、大戦景気という好景気を経験したにもかかわらず、やはり国際競争力がなかった日本の経済は、大戦後、戦後恐慌、震災恐慌、そして金融恐慌と、銀行が次々に倒れていったような段階まで落ち込んでいきます。

　これを立て直そうとしてとられた、いわゆる「金解禁」策が最悪のタイミングで世界恐慌に重なり、「昭和恐慌」という極端な経済混乱に陥ってしまったわけです。

　そして、ついに満州地方に駐屯していた日本陸軍の部隊である関東軍が痺れをきらし、1931年9月18日、中国の奉天郊外の柳条湖で偽装の小爆破事件を起こして、中国の東北部、いわゆる満州一帯を軍事占領してしまうという軍事行動を開始しました。

　そして、滅んだ清朝の最後の皇帝であった溥儀を「執政」という形で国家元首とし、「満州国」という国をつくりあげてしまいます。この結果、日露戦争後、だんだん悪くなっていた日米関係はますます悪化していきます。

　アメリカは、中国市場への進出が遅れたこともあって、中国に対しては門戸開放、機会均等といったようなことを世界に呼びか

た無条件降伏のあまりに重いツケ

けていました。中国市場を特定の国だけで独占するのは認めないという基本的な外交の要求でした。

これに真っ向から挑んだ形で、関東軍が中国の東北部に傀儡国家、操り人形のような国家をつくってしまったことに対して、アメリカが猛然と反発します。その結果、満州事変は、いったん軍事的には停戦協定までいったにもかかわらず、1937年7月7日、たまたま起こった北京郊外の盧溝橋事件から、日中戦争が本格化します。日米交渉は行きづまり、反発した日本が仏印（フランス領インドシナ）、今のベトナムあたりに軍事進出するに至って決定的な対立となり、ついに日米交渉は決裂し、太平洋戦争に踏み込んでいくわけです。

そして、この戦いに敗れた日本は、最終的には原爆投下を受け、「ポツダム宣言」を受諾して無条件降伏し、軍事的な野望をくじかれたわけです。

大戦景気・戦後恐慌

▶テーマ❶

天の助けか、火事場泥棒か

■日本は第1次世界大戦で大儲けした

　日露戦争から大正の初めにかけて、**桂 太郎**と**西園寺公望**が交代で政権を担いました。「**桂園時代**」と呼ばれますが、この間、ずーっと長い不況が続きます。

　そして1912年、第2次西園寺内閣が陸軍の抵抗によって総辞職に追い込まれ、陸軍・長州閥のボスであった桂が3度目の内閣を組織すると、これに対する反発が起こります。民衆デモが国会を包囲し、第3次桂内閣はついに総辞職に追い込まれるのですが、この一連の反桂、反藩閥の反政府運動を**第1次護憲運動**といいます。

　その結果、第1次**山本権兵衛**内閣という海軍系統の内閣が、衆議院の大政党である立憲政友会の支援のもとに成立します。しかし1914年、山本内閣も海軍の汚職、**シーメンス事件**で総辞職し、久しぶりに**大隈重信**が2度目の内閣、第2次大隈内閣を組織します。そこへ、ヨーロッパで第1次世界大戦が起こるわけです。

　この**第1次世界大戦**の勃発によって、日本に**大戦景気**という大型の好景気がやってきます。第1次世界大戦の影響は、日本だけではなく、20世紀の世界を大きく揺るがし、そして変えていきました。

　大隈内閣は第1次世界大戦に積極的に参戦していきました。そもそも第1次世界大戦とは、どのような戦争であったのでしょうか。簡潔にいえば、東アジアにおける中国分割、あるいは日本の韓国併合に代表されるように、帝国主義列強といわれる産業革命を経た軍事大国が、海外市場を求めて競い合う。その結果として

山本権兵衛…1852～1933。薩摩出身の海軍軍人。政治家。山県内閣、伊藤内

起こった大規模な戦争と考えればいいでしょう。

ヨーロッパでは、三国同盟と呼ばれるドイツ・イタリア・オーストリアの協力関係に対抗して、イギリス・フランス・ロシアが三国協商を結んで対抗していました。

日英同盟、日露協約、日仏協約を結び、三国協商側と友好関係にあった日本にその義務はなかったのですが、**政府は日英同盟を大義名分に、実はアジア市場を狙って参戦した**のです。

その証拠に、元老・井上馨は「大正新時代の天佑だ」と欣喜雀躍し、外務大臣・加藤高明に至っては、「日英同盟の友情は名目にすぎず、この際、日本の帝国主義的な利権を一挙に拡大するのだ」と、明言しています。ヨーロッパで戦争が続いている間に利権をアジアで拡大しようという、まさに火事場泥棒のようなもの

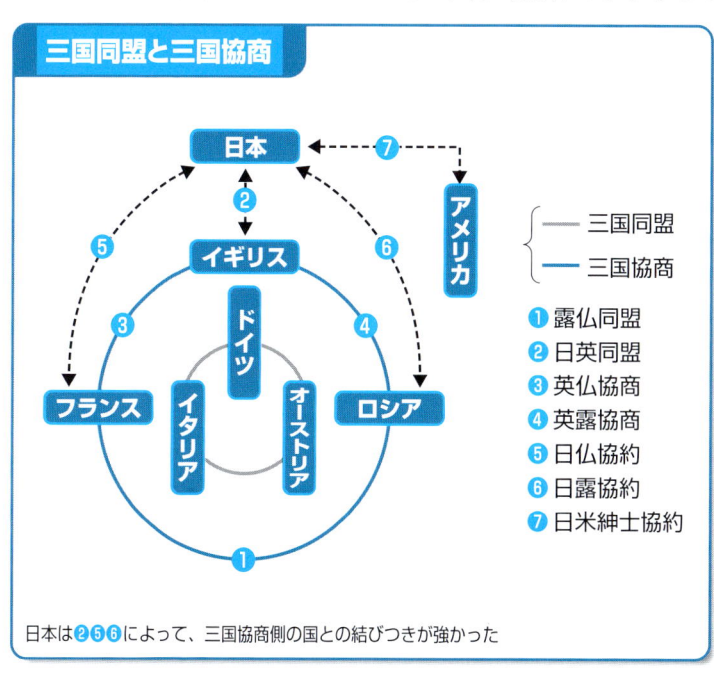

三国同盟と三国協商

― 三国同盟
― 三国協商

❶ 露仏同盟
❷ 日英同盟
❸ 英仏協商
❹ 英露協商
❺ 日仏協約
❻ 日露協約
❼ 日米紳士協約

日本は❷❺❻によって、三国協商側の国との結びつきが強かった

閣、桂内閣の海相を務める。

でした。

■ ヴェルサイユ体制の理想と現実

1918年、第1次世界大戦はドイツの敗北に終わり、日本は戦勝国の側に回りました。ほぼすべての先進国が参戦した大戦争でしたから、当然、「国際社会をどのように再構築するか」ということが、列強の間で最大の問題になります。

翌1919年、戦争終結のための話し合い、いわゆる**パリ講和会議**がヴェルサイユ宮殿を舞台に開かれ、外交交渉が展開されました。

日本は**ヴェルサイユ条約**で、ドイツが中国の山東半島にもっていた軍港・青島がある膠州湾の権益、およびドイツが太平洋にもっていた島々に対する支配権を継承することが認められます。

ただ、中国もまた戦勝国の側に回っていたので、これを不満として、会議から脱退してしまいます。

暗礁に乗り上げたアジア・太平洋問題を解決するため、1921年、アメリカ大統領ハーディングの呼びかけで**ワシントン会議**が開かれます。

この会議では、米・英・日・仏の**四カ国条約**が成立し、**日英同盟が廃棄**され、アジア・太平洋方面における現状維持が決定されます。

翌1922年には、イタリアを加えた5カ国の間で1万トンを超える軍艦、いわゆる主力艦の保有を制限する**ワシントン海軍軍縮条約**が成立します。米・英・日・仏・伊の比率を「5：5：3：1.67：1.67」と規定するもので、大戦争になった第1次世界大戦の反省から、海軍を縮小することによって平和への基礎にしようとしたわけです。

一番大きな中国問題については、米・英・日・仏・伊にオラン

美濃部達吉…1873〜1948。憲法学者。東大教授。天皇機関説を唱え、大正デモ

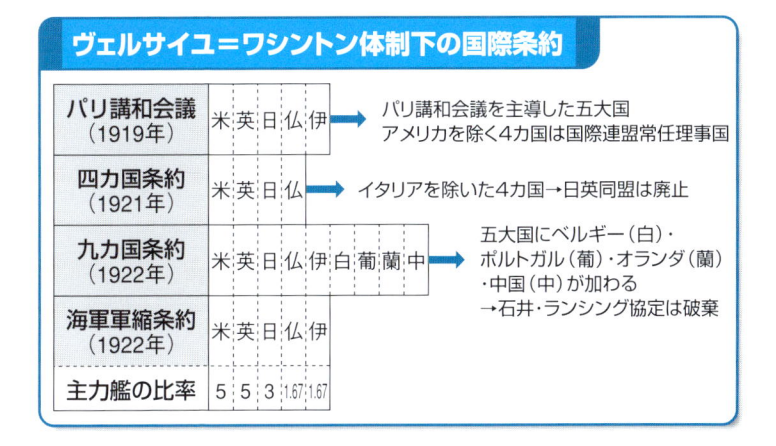

ヴェルサイユ=ワシントン体制下の国際条約

条約	米	英	日	仏	伊	白	葡	蘭	中	備考
パリ講和会議（1919年）	米	英	日	仏	伊					パリ講和会議を主導した五大国 アメリカを除く4カ国は国際連盟常任理事国
四カ国条約（1921年）	米	英	日	仏						イタリアを除いた4カ国→日英同盟は廃止
九カ国条約（1922年）	米	英	日	仏	伊	白	葡	蘭	中	五大国にベルギー（白）・ポルトガル（葡）・オランダ（蘭）・中国（中）が加わる →石井・ランシング協定は破棄
海軍軍縮条約（1922年）	米	英	日	仏	伊					
主力艦の比率	5	5	3	1.67	1.67					

ダ・ベルギー・ポルトガル、そして中国自身が加わって**九カ国条約**が結ばれます。これにより日本は、山東半島の旧ドイツ権益を中国に返還します。ここに一応、世界平和への基本的合意が成り立ったわけです。このような体制を**ヴェルサイユ体制**とか、**ヴェルサイユ=ワシントン体制**と呼びます。

ヴェルサイユ条約で国際的な平和機構である**国際連盟**の設立が決められ、アメリカは議会の反対で参加できなかったのですが、日本はイギリス・フランス・イタリアと並んで**常任理事国**となります。まさに世界の列強の一員となった日本は、**連盟の中で協調外交、話し合いによる平和外交の中軸を担う**ことになったわけです。

■日本にも波及したデモクラティックの風潮

このように、第1次世界大戦は世界の論調を大きく変えただけでなく、恵まれない人、弱い人、そして被害を受けている人々を助けようという運動が起こります。いわゆるデモクラティック（民主的）の風潮が、世界の基本的な思潮になっていきます。

クラシーの憲法理論となった。

日本も例外ではありません。「天皇は絶対的な主権者ではなく、一つの法人、会社組織のような団体の中でのトップの機能を果たすべきだ」という、美濃部達吉らの天皇機関説が唱えられます。

また、天皇主権の「大日本帝国憲法」(明治憲法)には手をつけずに、しかし実際には、納税制限なしの普通選挙を実現し、選ばれた議員による政党を主体とする内閣、いわゆる政党内閣を作ろうとする吉野作造らの民本主義も広く浸透してきました。

このような流れのなかで、従来、差別を受けていた人々が権利回復を主張しはじめます。たとえば、被差別部落の人々は全国水平社、そして労働者たちも日本労働総同盟、あるいは小作人たちも日本農民組合、また女性たちも新婦人協会というように、全国組織が結成されるのです。

■第1次世界大戦がもたらした好景気の功罪

ところで、日清戦争の前後に紡績業を中心とする産業革命を達成した日本は、重化学工業の成長を目指して苦闘していましたが、日露戦争後は不況が長く続き、これがうまくいきません。

それが大戦景気で一挙に発達し、男子労働者も増えて──その代わり、労働運動も激しくなるのですが──、一種のバブル景気の様相を呈したのです。

どういうことかというと、ヨーロッパからの輸出品がアジアに入ってこなくなっていた隙を狙って、日本製品がアジアに売れていったからです。海運業・造船業に始まって、製鉄会社の設立が相次ぎ、満鉄(南満州鉄道株式会社)も、鞍山製鉄所などを中国で経営しはじめます。

それもこれも、第1次世界大戦の恩恵です。ここまでは、たしかによかったのですが、第1次世界大戦は必ずしも、日本に良い面ばかりをもたらしたわけではなかったのです。

関東大震災…1923年9月1日、関東全域と近県で起こった大地震。直後に起こ

なぜなら、大戦景気は底の浅い景気で、新しく立ち上がった多くの企業は、戦争のない平時（へいじ）には、まだまだ国際的な競争力をもつほどの技術水準や生産規模を確立していなかったからです。

　そこで、そもそも大戦景気がバブル景気であったこと、そして戦争が終わったこと、さらに日本の多くの企業に国際競争力がなかったこと、これらが重なって、日本経済は大戦景気が終わった後、1920年には**戦後恐慌**（きょうこう）、さらに1923年には未曾有（みぞう）の天災、すなわち**関東大震災**による**震災恐慌**に見舞われます。

　そして昭和に入って、銀行がバタバタとつぶれはじめます。これを**金融恐慌**といいますが、大戦景気という一瞬の夢のような大型好景気の後は、恐慌から恐慌へとよろめく時代を迎えます。

　しかし、その一方では、第1次世界大戦の終結直前の1918年9月に、立憲政友会の総裁である**原敬**（はらたかし）の原内閣が本格的な政党内閣として成立したことを忘れてはいけません。

　1921年、「**平民宰相**（へいみんさいしょう）」として庶民に人気のあった原が暗殺された後、立憲政友会総裁を引き継いだ**高橋是清**（たかはしこれきよ）の政友会内閣が続くのですが、その後、政党主体の完全な政党内閣はまたしばらくの間、遠ざかってしまうわけです。

　こうして数々の問題を残しながら、時代は大正から昭和へと移っていきます。

った火災などで死者・行方不明は14万人以上といわれる。

護憲三派内閣・政党内閣

協調の精神を忘れてはいけない

▶テーマ❷

■ ようやく誕生した政党内閣

　1918年に第1次世界大戦が終結した時の内閣は、原敬の政友会内閣でした。その後、高橋是清内閣、ワシントン会議の全権を務めた海軍の加藤友三郎内閣と続きます。

　加藤内閣は病死によってすぐに終わり、「それでは、もう一度」ということで、1923年、第2次山本権兵衛内閣が誕生します。関東大震災が起こったのは、この直前です。そして、この年の末に虎の門事件という摂政宮裕仁親王（昭和天皇）の暗殺未遂事件が起こって、山本内閣は退陣に追い込まれてしまいます。

　すると大正も末になって、清浦奎吾内閣という、まるで明治に戻ったかのような超然的な内閣が登場します。清浦内閣は、貴族院内閣とも呼ばれるように、衆議院にほとんど賛成派のいない、いわば世論からかけ離れた内閣として登場したのです。

　せっかく原の政友会内閣までいったのに、との思いからか、再び反発が表面化します。これを第2次護憲運動といいます。それまで普通選挙に反対の態度を示していた立憲政友会の高橋是清が、ついに賛成に踏み切り、憲政会、革新倶楽部を加えた3つの政党が、反清浦、普通選挙断行で一致します。これを護憲三派といい、選挙に圧勝して、護憲三派内閣と呼ばれる第1次加藤高明内閣が登場します。

　加藤は、三菱財閥の創始者、岩崎弥太郎の娘婿にあたり、三菱を代表するような政治家です。かつて第1次大隈内閣の外務大臣として、第1次世界大戦に積極的に参加していった人物ですが、今度は政党内閣の首班として登場したわけです。

高橋是清…1854〜1936。政治家。日銀総裁などをへて山本内閣の蔵相。満州事

外務大臣には、ワシントン会議の全権を加藤友三郎とともに務めた**幣原喜重郎**が就任します。彼もまた、岩崎弥太郎の娘をお嫁さんにしていました。

この護憲三派の提携が崩れた後、第2次加藤高明内閣、そして第1次**若槻礼次郎内閣**と、政友会に代わって議席を伸ばした憲政会の党首を総理とする政党内閣が続いていきます。

内閣は以後、政友会の**田中義一**、立憲民政党（憲政会が政友本党を吸収・合同した）の**浜口雄幸**、若槻（第2次）、そしてまた政友会の**犬養毅**と続きます。

加藤・加藤・若槻・田中・浜口・若槻・犬養――受験生には頭の一文字を続けて「カカワタハワイ」と教えるところですが、この歴代内閣が大正末から昭和初年にかけての、いわゆる**政党内閣**ということになります。

■革命思想が日本にも波及してきた

政党内閣といっても、今日のように、内閣総理大臣を衆議院議員が選挙で選ぶものではありません。あくまでも天皇が国政を依託する、指名するという形の内閣です。では、天皇は自分で判断したかというと、そうではなく、元老に相談しました。

元老というのは、明治天皇が特別、国政の重要な問題に対するアドバイスを求めて任命した、非民主的な立場の大物たちでしたが、昭和に入った頃には、山県有朋（やまがたありとも）など、ほとんどの人は死んでしまっていて、残っているのは、明治の最後の段階で内閣総理大臣を2度にわたって務めた**西園寺公望**（さいおんじきんもち）でした。

　そこで、最後の元老、西園寺に、「次の首相は誰がいいか？」と

初代から戦後直後までの歴代総理大臣一覧

代	氏　名	代	氏　名
初　代	伊藤　博文	第23代	清浦　奎吾
第2代	黒田　清隆	第24代	加藤　高明
第3代	山県　有朋	第25代	若槻礼次郎
第4代	松方　正義	第26代	田中　義一
第5代	伊藤　博文	第27代	浜口　雄幸
第6代	松方　正義	第28代	若槻礼次郎
第7代	伊藤　博文	第29代	犬養　毅
第8代	大隈　重信	第30代	斎藤　実
第9代	山県　有朋	第31代	岡田　啓介
第10代	伊藤　博文	第32代	広田　弘毅
第11代	桂　太郎	第33代	林　銑十郎
第12代	西園寺公望	第34代	近衛　文麿
第13代	桂　太郎	第35代	平沼騏一郎
第14代	西園寺公望	第36代	阿部　信行
第15代	桂　太郎	第37代	米内　光政
第16代	山本権兵衛	第38代	近衛　文麿
第17代	大隈　重信	第39代	近衛　文麿
第18代	寺内　正毅	第40代	東条　英機
第19代	原　敬	第41代	小磯　国昭
第20代	高橋　是清	第42代	鈴木貫太郎
第21代	加藤友三郎	第43代	東久邇宮稔彦
第22代	山本権兵衛	第44代	幣原喜重郎

愛新覚羅溥儀…1906～1967。清朝最後の皇帝。退位後、北京の紫禁城に住んだ

天皇が諮問し、西園寺が政治の情勢を読みながら首相を推薦する。そして天皇は、それをそのまま受け入れるという形で実現したものです。いずれにせよ、民本主義を唱えた**吉野作造**のいうように、**普通選挙と政党内閣が実現した**わけです。

普通選挙法は1925年に成立しますが、政府は同時に**治安維持法**という弾圧立法を用意していました。それは、1917年に起こった**ロシア革命**によって、革命思想が日本にも広がってきていたからです。普通選挙によって選挙権をもった貧しい労働者たちが、天皇制を否定し、あるいは私有財産制度を制限・破壊しようとして、そのような危険な思想が国会に反映されないようにするためでした。

幣原喜重郎は、国際連盟重視の**協調外交**で、日本は国交のなかった革命後のソヴィエトとも**日ソ基本条約**を結んでいます。革命思想の流入は、いずれ本格化するだろうが、それは治安維持法で徹底して摘発すればよいという体制を整えたわけです。

■辛亥革命の中国は混乱したままだった

昭和初期、政党内閣はこのようにして発足しました。しかし、必ずしも平和で民主的な政治が行われたわけではありません。それは、なんといっても中国の動揺、激動が、直接的に日本の政治に影響を与えたからです。

中国では、日本が第2次条約改正を達成した1911年に**辛亥革命**が起こって、その翌年、清朝がつぶれ、**中華民国**が南京に成立します。清朝は、中国の王朝の主流を占める漢民族のつくった王朝ではなく、中国東北部、いわゆる満州出身、満州族の皇帝による王朝でした。この時、皇帝の位を奪われた満州皇帝、すなわち清朝最後の皇帝が、映画『ラストエンペラー』で有名な**愛新覚羅溥儀**です。

が、のち日本軍により満州国の皇帝に担ぎだされた。

中華民国の臨時大総統にかつがれた辛亥革命の中心人物、**孫文**は、まもなく列強の支援を受けた**袁世凱**にその地位を追われます。清朝は倒れたものの、中国ではまったく近代化が進みません。列強は、中国における既得の利権を維持してくれる古い勢力を支持したので、北京には袁世凱という古い体質の清朝以来の大物が、中国の支配者として君臨することになったからです。そこに第1次世界大戦が起こって、日本は対華「**二十一カ条の要求**」という苛酷な利権を要求する案を、袁世凱に呑ませています。

　屈辱的な要求を受諾した袁世凱が急死すると、北京ではやはり古い体質の軍閥の首領、段祺瑞が権力を握ります。この段祺瑞に対しては、大隈重信内閣が倒れた後、桂太郎の子分にあたる長州・陸軍閥の**寺内正毅内閣**が、大量のお金を貸しています。寺内の私設秘書の名をとって、これを**西原借款**といいます。

　しかし、この段祺瑞政権もまた弱体で、続いて奉天軍閥の**張作霖**が北京に入りました。奉天は、**満鉄**（南満州鉄道株式会社）の重要な拠点でした。日本の戦国大名のようなこの一支配者に、**関東軍**をはじめとする日本軍は、惜しみない支援をしていくのです。

■中国で北伐が開始され、幣原外交が非難された

　1924年になって、鳴りを潜めていた**孫文**が再び、革命に立ち上がります。彼は、自ら結成した**中国国民党**を母胎として、中国の近代化を進めようと思いました。それは、私有財産制度を原則とする立憲国家、近代国家を目指したものでしたが、ここにやっかいな問題が生じます。**中国共産党**の台頭です。

　中国共産党は1921年に上海で結成されました。世界の共産主義化を進めようとするソヴィエトの**コミンテルン**の指示を受け、資本家や地主を倒し、中国を労働者中心の国に変えようと、めざま

幣原喜重郎…1872～1951。外交官、政治家。外務省から政界入り。外務次官、

しい勢いで力を伸ばしていました。

そこで、孫文は、ひとまず中国共産党と組むことにして、江戸時代の大名のような旧勢力、北方軍閥を打破して近代化を進めようとします。

孫文は、中国共産党との第1次国共合作を成し遂げたのですが、その翌年、1925年に死んでしまいます。そこで部下の蔣介石が、中国共産党を加えた国民革命軍を率いて、いわゆる北伐を開始していきます。

国民革命軍は南部の広東から、破竹の勢いで北に向かって攻め上り、1926年、南京に臨時政府、国民政府を樹立します。そして、いよいよ中国の主要部を抑えて北京に迫ろうと上海まで来た時、もともと反共的な思想の持ち主であった蔣介石は中国共産党を排除してしまいます。これを上海クーデターといいます。

国民革命軍は上海から山東半島を経て、北京を目指して北上します。ちょうどその頃、日本では政党内閣が発足していて、加藤高明（第1次）・加藤（第2次）・若槻礼次郎内閣の時期でした。外務大臣は3代にわたって幣原喜重郎。その幣原外交は話し合い路線、連盟重視の立場から、「対中国内政不干渉」の大原則を貫き、北伐をじっと見守るという姿勢をとり続けました。

当時、中国には日本の企業がいくつも進出していました。なかでも紡績会社は在華紡と呼ばれ、中国各地に工場を建設し、現地人を雇って働かせていました。

満州には、満鉄を軸とする膨大な日本の権益がありました。それを守っているのは関東軍だけです。「北伐という革命戦争によって、甚大な被害を受けるのではないか、それを黙って見過ごしていいのか」と、幣原外交はその弱腰を非難され、やがて日本国内の陸軍、右翼、あるいは保守的な勢力から、厳しい攻撃を浴びるようになっていくわけです。

外務大臣を歴任。戦後、首相として民主化を推進した。

テーマ❸ 満州事変・国際連盟脱退
「満州国」建国はムチャな話です

■ 金融恐慌の処理を誤った若槻内閣

　政党内閣は発足したものの、日本は、中国の大きな変動に深くかかわって、戦争への道を突き進んでいくことになります。

　憲政会の第1次若槻礼次郎内閣の時に、金融恐慌が発生します。第1次世界大戦の大戦景気が終わった後、急に冷え込んだ日本経済をなんとか維持しようと、日本銀行はやっきになりました。そして、銀行・企業を救うという名目で、お札をやたら刷りまくった結果、インフレばかりが進んで、経済そのものはいっこうに回復せず、貿易構造も悪化の一途をたどりました。ふと気づいた時には、ついに銀行そのものの経営が破綻しはじめていた、という状態です。

　日本に金融恐慌が発生した1927年は、中国で蔣介石の率いる国民革命軍が北伐を進めていった時期と重なっています。若槻内閣は、幣原喜重郎が外務大臣を務めていたので、協調外交、対中国内政不干渉。そんなことでは利権が守れないと考えた右派、陸軍、そして野党になっていた立憲政友会などは、この時とばかり、若槻内閣を攻撃しました。

　そして、若槻内閣は、金融恐慌の処理に失敗し、総辞職します。台湾植民地経営に深くかかわっていた台湾銀行の破綻が問題となり、これをのりきるため、若槻内閣は天皇の緊急勅令で「支払猶予令」を出そうとしたところ、天皇の諮問を受けた枢密院が「ノー」と言ったために、総辞職に追い込まれたわけです。

　天皇の諮問に西園寺公望は「若槻内閣に代えて、野党に政権を回すべきでしょう」と答え、立憲政友会の総裁を引き受けていた

西園寺公望…1849～1940。政治家。フランス留学後、伊藤内閣の文相、政友会

田中義一に白羽の矢が立ちました。田中は長州出身で、第2次山本権兵衛内閣では陸軍大臣を務めていました。

田中義一内閣にはさっそく緊急勅令が認められ、金融恐慌は一応の収束を見ました。ただし、この時、日本銀行は大量の紙幣を刷って、銀行を救済したのです。この非常貸出の結果、大銀行に預金が集中する五大銀行（三井・三菱・住友・安田・第一）の体制が整っていくわけです。

■抗日ムードに油を注いだ関東軍の浅はかさ

金融恐慌をともかく収束させた田中は、枢密院の期待に応える形で、北伐が中国にある日本の利権に影響を与える場合には、「断固として軍事介入する」と表明し、その姿勢を具体的に示します。それが、3次にわたる山東出兵と呼ばれる海外派兵です。

しかし、済南事件という正規軍同士の衝突が一度起こっただけで、大きな戦闘に拡大するまではいきませんでした。

北伐軍は怒濤の勢いで北京に迫ってくる。日本がコントロールしようとしている袁世凱の北京政権は、たぶん革命軍に勝てないだろう。革命が満州に及ぶことを恐れた田中は、すぐに北京にいる軍閥の張作霖を地元の奉天に帰るように説得します。

1928年6月、張作霖は北京を捨てて奉天に向かいますが、奉天駅の直前で乗っていた車両ごと爆破され、死んでしまいます。満州の直接支配を企図した関東軍の仕業でした。

張作霖爆殺事件は、報道が規制されていた国内では満州某重大事件と呼ばれました。この関東軍の謀略に対して田中内閣が厳正な処罰をしなかったことから、天皇の不満が表明され、1929年、総辞職となりました。

そこで政権交代となり、またもや最後の元老、西園寺公望の判断で、立憲民政党の浜口雄幸内閣が登場しました。その風貌か

総裁として二度、首相を務め、パリ講和会議全権。その後は元老。

ら、「**ライオン宰相**」として庶民に親しまれた浜口は、幣原喜重郎を再び外務大臣に任命し、対中国内政不干渉の姿勢をとります。

一方、殺された張作霖の息子・張学良は、奉天軍閥を引き継ぎ、中国国民党に入ることを表明します。この結果、満州は中国国民党の支配下に入り、戦わずして北伐は完了しました。

関東軍の目論見はもろくも崩れたのです。それどころか、中国では各地で民族運動が高揚し、かえって日本の権益を危ういものにしてしまいました。

■ **経済を立て直すには金解禁しかない**

さて、浜口内閣では、大蔵大臣・**井上準之助**の**井上財政**が、**幣原外交**と並ぶ2本柱でした。井上は、抜本的な経済再建を行うため、**金解禁（金輸出解禁）** の政策を展開します。

当時、世界の多くの国が、紙幣はいつでも一定の金貨と換えられる**金兌換制度**をとっており、外国にもこれを自由に持ち出せることになっていましたが、第1次世界大戦中、日本は世界にならって、金輸出を禁止していました。

世界は再び、自由に金が行き来する国際的な**金本位制**という金融システムに戻っていましたが、日本だけは解禁していなかったのです。

お札をいつでも一定の金に換えるためには、金貨を持っている量（正貨保有量）に見合った紙幣しか発行できません。そこで井上は、極端なデフレ政策をとって紙幣量を減らし、金解禁を行うことを予告します。

1929年に成立した浜口内閣は、井上の金解禁というデフレ策をとったわけです。予告された期限は1930年の1月。当然、緊縮財政を組んでいかなければなりません。デフレになり、企業の倒産が相次ぐことは覚悟のうえでした。

井上準之助…1869〜1932。銀行家、政治家。日本銀行入行。総裁まで務め、山

金解禁

国名	禁止	解禁	再禁止
アメリカ	1917年 9月	1919年 6月	1933年 4月
日本	1917年 9月	1930年 1月	1931年12月
イギリス	1919年 4月	1925年 4月	1931年 9月

■ **関東軍はなぜ「満州国」をつくったか？**

さて、緊縮財政を続けるには、軍縮を進めなければいけません。その成果が、1930年の**ロンドン海軍軍縮会議**における**ロンドン海軍軍縮条約**の締結です。すでに1万トン以上の主力艦については、ワシントン海軍軍縮条約で軍縮が実現していました。

会議の焦点となったのは、潜水艦・巡洋艦など1万トン未満の船で、ますます激化する**建艦競争**に歯止めをかけようとするものでした。

政府は、**軍令部**（海軍）が限界とした対米7割をわずかに切ったところで条約を締結し、幣原の協調外交の象徴となりました。ところが、これは統帥権を任されている軍令部の意向を無視したものだとの主張が強まり、**統帥権干犯問題**が起こります。そして、浜口首相は右翼の青年に狙撃されて再起不能となり、翌年、死去します。

一方、井上の金解禁は、デフレ策をとっているところへ、1929年に発生した**世界恐慌**の波が押し寄せて、**昭和恐慌**と呼ばれる悲惨な恐慌状態に突き進んでしまいました。

このように、財政政策・金融政策・外交政策がいずれも非常に厳しい状況となるなかで、**満鉄**（南満州鉄道株式会社）の守備を任務としていた**関東軍**は、実力によって海外市場としての満州を

本内閣の蔵相として尽力する。選挙活動中に血盟団員に暗殺された。

確保しようとします。

1931年9月、**関東軍**は、奉天郊外の柳条湖で満鉄線路を爆破しておいて、攻撃されたと理由をつけ（**柳条湖事件**）、一挙に奉天省・吉林省・黒竜江省という満州主要部を軍事制圧下におきます。

そして翌1932年3月には、帝位を奪われていた清朝最後の皇帝・**溥儀を執政とし、「満州国」の建国を宣言させます**。日中戦争から太平洋戦争を通じて「**15年戦争**」といいますが、柳条湖事件から発展した**満州事変**は日中戦争のはじまりでした。

日清戦争以後の中国分割の過程で、アメリカは、中国市場はオープンであるべきだ、特定の国々で独占するべきではない、と主張していました。この**門戸開放宣言**と呼ばれる対中国政策に真っ向から逆らうような動きを、関東軍は実力行使で示してしまったわけです。

■国際連盟脱退で国際孤立の道へ

浜口首相の辞任後、成立した第2次若槻礼次郎内閣は、外交・経済・内政のすべてに行きづまり、1931年12月、総辞職に追い込まれます。その後を引き継いだのが、立憲政友会の**犬養毅内閣**です。

犬養内閣は、即座に金輸出を再禁止します。一挙に円が下落しました。そこで、極端な円安の効果で輸出が急伸し、日本は好景気になっていくのです。しかし、さすがに犬養内閣は、関東軍ででっち上げた傀儡国家、「満州国」を認めようとしません。

そこで、日本を一挙に軍事政権にして難局を乗り切ろうとする連中は、犬養の暗殺を考えます。犬養は翌1932年、海軍青年将校のテロ部隊に首相官邸を襲われ、死亡してしまいます。いわゆる「**五・一五事件**」です。

犬養毅…1855～1932。政治家。記者をへて立憲改進党に参加。第1回衆院選挙

高鳴りやまぬ軍靴の響き 6 日目

　政党内閣を断念せざるを得ない状況となり、斎藤実内閣が「挙国一致」を唱えて登場します。この内閣は日満議定書を結んで、「満州国」を国として認めるとの立場を世界に示しました。

　もちろん、国際連盟は黙っていません。現地を調査した連盟のリットン調査団の報告書は「満州国」を正当な国とは認めず、連盟は日本に撤兵を勧告します。1933年3月、ここに日本は国際連盟からの脱退を通告して（発効は1935年）、国際孤立への道へ大きく踏み出すわけです。

　満州事変自体は、中国における中国共産党と中国国民党の内戦の激化を背景に、関東軍の軍事作戦がスムーズに進んでいきました。関東軍がさらに北京を目指して進撃を始めると、蔣介石はあわてて塘沽停戦協定を1933年5月に結びます。満州事変そのものは、この時点でひとまず停戦状態になります。

　しかし、1937年6月に第1次近衛文麿内閣が登場すると、翌7月に北京郊外で盧溝橋事件が起こり、そこから日本は本格的な戦争、日中戦争へ、そして太平洋戦争へと突き進んでしまうわけです。

に当選、その後、さまざまな政党を組織。五・一五事件で暗殺される。

日中戦争・太平洋戦争

▶テーマ❹

なぜ広島・長崎に原爆が落ちたか？

■日独防共協定は国際孤立を避けるため？

満州事変の過程で、1933年3月、日本は国際連盟脱退を通告し（発効は1935年）、国際孤立の道へ第一歩を踏み出したわけですが、その後しばらく中国では**華北分離工作**を進めていきます。華北を、より親日的にしていこうとする**関東軍**の作戦です。

もちろん、その背景には、昭和恐慌によって打撃を受けた経済を立て直すためにも、中国に新たな市場を開拓し、資源を手に入れようという目的がありました。

一方、満州事変後の国内の政治情勢はどうなっていたかというと、政党内閣という慣行がとれなくなり、同時に「**挙国一致**」などのスローガンのもとに軍の影響力が強くなっていました。このような過程は、一般に**ファシズム**の進展と呼ばれています。簡単にいえば、軍が主導する政治、軍事優先の政治になっていって、国民の声、世論が片隅に追いやられていくという情勢です。

さて、犬養内閣の後の斎藤実内閣は、「満州国」を認める条約を結び、連盟から脱退していくわけですが、続く**岡田啓介内閣**の時に、**大正デモクラシー**を象徴する**天皇機関説**が否定され、これを受けて1936年、陸軍の一部が「**二・二六事件**」という軍事クーデターを起こします。

これは、天皇の反対によって失敗に終わりますが、続く**広田弘毅内閣**は**日独防共協定**を結びます。国際孤立をなんとか緩和したい日本は、ヨーロッパで台頭してきたドイツと、共産主義を防止するとの名目で友好関係を結んだわけです。太平洋戦争後の**極東軍事裁判（東京裁判）**でA級戦犯となった広田は、文官としてた

192 ◆ 大正デモクラシー…大正時代、民主主義的改革のためになされた運動や思想の

だ一人、死刑に処せられますが、その大きな原因がここにありました。

いよいよ日本は、その後の**日独伊三国同盟**に向けて、もはや後戻りのできない道を進み出すことになるわけです。

■盧溝橋での一発の銃声から戦争が始まった

弱体内閣を一つ間に挟んで、最後の元老、**西園寺公望**は、ついに切り札ともいえる人物を総理大臣に推薦します。華族の中の筆頭、公爵の**近衛文麿**で、1937年6月、第1次近衛内閣が成立しました。

ところが、この近衛内閣を突発的な事件が襲います。7月、北京郊外における**盧溝橋**事件です。

さかのぼって、1900年の義和団事件で、日本を含む列強8カ国の連合軍が出兵して清国軍を鎮圧した北清事変以来、列強は北京郊外に軍隊を駐留させていました。日本でいう支那派遣軍が夜間演習中、発砲事件に遭遇するわけです。

真相は未だに不明ですが、ともかくこの発砲をめぐって、支那派遣軍と現地の中国政府との間の交渉が難航し、お互いが強気になって、ついに戦争になってしまいました。

それだけなら、よくあるというか、実際、これまでにもあったような小さな衝突なのですが、これが上海に飛び火して、**第2次上海事変**に発展します。上海では、満州事変のさなかにも偽装工作としての騒擾事件が起こっていますが（第1次上海事変）、今度の場合は、一挙に大戦争に拡大してしまうわけです。

中国では、**中国共産党**と**中国国民党**の内戦が続いていましたが、1936年の**西安事件**をきっかけに両者が歩み寄り、第2次上海事変が起こると、内戦停止と抗日を誓う**第2次国共合作**を結んで、**抗日民族統一戦線**が結成されました。

こと。文化面にも白樺派や人格主義などという影響が出た。

日本軍は50万、60万と、中国へ大量の軍隊を送ります。上海に派遣された膨大な陸軍は、ようやく1937年の末に至って上海を制圧し、勢いあまって南京に侵入して、いわゆる南京事件という悲惨な事件を引き起こすわけです。

　この時の虐殺の人数をめぐっては、議論が分かれていますが、日本軍が上海事変の長期化に痺れをきらし、不満をつのらせて暴挙に走ったことは間違いのないところでしょう。いずれにせよ、日本はすでに、本格的な戦争の真っ只中にありました。

■ますます泥沼化していく中国戦線

　ところで、日本では、満州事変、上海事変、北支事変、支那事変、日華事変などと、これらの出来事を戦争ではなく「事変」と呼びました。それは、対欧米外交は少なくとも協調外交を守っていた田中義一内閣の時に、その一環としてパリ不戦条約を結んでいたからでした。

　パリ不戦条約とは、「国際紛争を解決するための政策の手段としての戦争を放棄する」という、1928年に調印された国際条約です。日本はたとえ何十万もの軍隊が中国で戦争をしていようと、「これは戦争ではなく、事変だ」ということにして、辻褄を合わせようとしたのです。

　やがて国民精神総動員運動が組織され、さらには政府が議会の承認なしに、国民と経済を自由にコントロールできる国家総動員法が発布されるなど、近衛内閣は中国との戦争にのめり込んでいきます。そして結局、停戦に至ることなく、近衛は「東亜新秩序声明」を出し、反共的な中国政府を別につくろうという謀略に乗りだしたうえで、総辞職してしまいます。

　中国では、蔣介石が第2次国共合作のもと、重慶まで拠点を移して頑強に抵抗したために、日本軍は中国全土を軍事制圧する

松岡洋右…1880～1946。政治家、外交官。外交官から政友会代議士となる。戦

ことができずに、戦争は長期化していきます。日本の国力では、広大な中国全土を完全に支配することなど、軍事的にも、経済的にも、とうてい不可能なことだったのです。

■「軍服を着た」東条英機内閣の登場

ところが、ややこしいことに、ヨーロッパではドイツがますます強硬路線をとり、1939年、ついに**第2次世界大戦**が勃発します。ヒトラーは敵対していたソヴィエトと**独ソ不可侵条約**を結ぶと、一挙にポーランドに侵攻します。

近衛内閣の後の弱体内閣は、これに対してほとんど有効な手を打てず、逆に陸軍の強硬な意見に引っ張られていきます。しかも、まずいことに、ドイツが破竹の進撃でフランスを制圧します。フランスにはヒトラーの意のままになる傀儡政権ができて、事実上、フランスという国が一時、機能停止になってしまいます。

これに勢いを得た陸軍は、ここで一挙にアメリカとの勝負をつけるべきだと息巻きます。

アメリカはもちろん、「満州国」を認めていないので、日本に対して経済制裁を次々と加えてきていました。そこで、ヒトラーの真似をして、一つの政党が国を引っ張り、国民が全体で団結して難局を乗り切ろうという、いわゆるファシズムの運動——当時、日本では**新体制運動**と呼んだ——を実現するため、再び近衛が第2次内閣を組織します。

近衛は、一方で日米交渉を続けながら、結局は軍部に引っ張られてしまいます。外務大臣・**松岡洋右**は、1940年9月に**日独伊三国同盟**を締結するとともに、翌年4月の**日ソ中立条約**でソヴィエトとの戦争を避けるという手段をとって、いよいよアジア侵略に乗りだしていく姿勢を示したわけです。

後、A級戦犯として獄中で病死。

近衛は内心、日米交渉がなんとかまとまらないものかと期待していたのですが、ドイツ寄り、陸軍寄りの松岡外相がいては「対米戦争は避けられず」ということから、松岡をはずすため、わざわざ総辞職したうえで、第3次内閣を組織したほどです。

　しかし、それでも結局、強硬な陸軍に押されて、第2次内閣の時に今のヴェトナムあたり、仏印（フランス領インドシナ）の北部に陸軍を派遣し、第3次内閣では南部にも送らざるを得ませんでした。

　アメリカは、日米交渉を無視するような日本の軍事的なアジア進出に対して、**対日石油輸出の全面禁止**に踏み切ります。備蓄してある石油だけでは、何年も戦えません。「南方に資源を求めるべし」との声が高まって、戦争を一定期間、継続できる態勢が崩れないうちにアメリカとの決着をつけようという無謀な計画が立てられます。

　第3次近衛内閣は、陸軍大臣・**東条英機**（とうじょうひでき）の要求に苦慮して、「**帝国国策遂行要領**」（ていこくこくさくすいこうようりょう）を決めて、日米交渉に期限を設けますが、その期限はまもなくやってきてしまいます。行きづまった近衛は政権を投げ出し、日米交渉の継続を条件に、ついに「軍服を着た」東条英機内閣が現れます。

■似て非なる大東亜戦争と太平洋戦争

　しかし結局、日米交渉はまとまらず、**御前会議**（ごぜんかいぎ）（天皇臨席（りんせき）の重要会議）で開戦が決定されます。「満州事変以前に戻れ」というアメリカの要求（ハル＝ノート）を拒絶した日本は、満州事変勃発からちょうど10年後の1941年12月8日、ひそかに出撃していた**海軍機動部隊にハワイ真珠湾（しんじゅわん）を奇襲攻撃させ、宣戦布告を通告**し、アメリカ・イギリスなどとの戦争に入っていくわけです。

　こうして日本は、**太平洋戦争**を戦うことになります。政府は**大**（だい）

東亜戦争と呼びましたが、これによって満州事変以降の戦争は、すべて大東亜共栄圏を築くためとの大義名分で拡大の一途をたどり、やがて敗戦を迎えるわけです。

　翌1942年の半ばまで、連戦連勝で広がった日本の支配圏は、同年6月のミッドウェー海戦の敗戦を境に、一挙にしぼんでいきます。1944年7月にはサイパン島が陥落して、東条内閣が総辞職に追い込まれ、さらに翌年4月から沖縄戦が始まると、続く小磯国昭内閣も責任をとって総辞職します。

　日本が無条件降伏を迫るポツダム宣言の扱いに迷っている間に、早期終戦を狙うアメリカは、1945年8月、開発したばかりの新型爆弾、原子爆弾を広島に投下します。日ソ中立条約を破って、ソヴィエトも対日参戦。その直後に、もう一つの原子爆弾が長崎に落ち、ついに日本はポツダム宣言の受諾を決定し、8月14日、これを連合国側に伝えます。

　昭和天皇は、敗戦を国民に知らせる勅語を録音し、8月15日、ラジオ放送(玉音放送)を通じて、日本国民は戦争が終わったことを知ったわけです。

とはアメリカ国務長官の名前。

COLUMN 6

流行歌の誕生には理由がある

　明治時代というのは、欧米のさまざまな文物が急速に入ってきた時代ですが、なかなかそれが一般の人々、末端にまで届いたわけではありません。

　もちろん、ちょんまげを切って、散髪をするといった、いわゆる「文明開化」の波に乗って生活様式に変化が生じ、庶民に広がった部分もありますが、まだまだ内容的に、庶民が西洋文化に馴染んでいくというわけではありませんでした。

　ところが、大正も後半に入り、昭和にかけての時期になると、「大衆文化」が隆盛を迎えます。大学を卒業した、高等教育を受けた人も増えてきて、都市の中間層も形成されます。いわゆるホワイトカラーのサラリーマンが誕生するのです。そのようななかで経済の発展、とくに重化学工業の発展を背景に、映画・レコード・ラジオといったようなものが急速に普及します。

　その結果、全国で同時に同じ歌が流行る。すなわち流行歌というものが登場し、作曲家の中山晋平、古賀政男、作詞家の西条八十といった人たちが、一世を風靡しました。あるいは、スポーツが娯楽の対象となり、これをみんなで観戦するというようなことも始まります。

　すなわち、現在の大衆社会、そのさまざまな様相が最初に大きく社会の前面に出てきたのは、まさに大正から昭和にかけての時期だったわけです。

　そして、ちょうどこの頃、日本は協調外交を捨てて、やがて忌まわしき軍国主義の時代に移っていくわけです。

戦後史にどんな意味があるの？

7日目

- アメリカを良き手本として
  民主化・逆コース
- 独立と残った「3つの日本」
  朝鮮戦争・冷戦の終結
- 戦争のたびに豊かになった
  高度経済成長・石油危機

7日目

ツボ ▶▶▶

戦後史にどんな意味があるの？

日本国民が謳歌した平和と経済成〔長〕

いよいよ最後の授業、戦後史になりました。戦後史というのは、かなり特異な時代です。長い間、日本が戦争をしなかった時代です。もちろんそれは、憲法第9条があったからです。

さて、その戦後は、連合国による占領という、日本が国家としての自主権を奪われた時期から始まります。

アメリカは当初、徹底して日本を民主化しようとします。いわゆるGHQによる「五大改革指令」がその基本です。新選挙法によって女性にも選挙権が与えられる。あるいは労働組合の結成が奨励される。軍国主義的教育が廃止される。そして財閥は解体され、農地改革で「寄生地主制」という封建的な農業・農村の構造も崩壊します。そして、「日本国憲法」は主権在民（国民主権）、平和主義（戦争の放棄）、基本的人権の尊重を謳ったわけです。

しかし、皮肉なことにソヴィエトとアメリカの対立、「冷戦」が激化すると、GHQ、すなわちアメリカは、日本の民主化をそこそこにしてでも、早く経済再建を実現させ、子分として強い国家を再建させることを最優先した結果、いわゆる「逆コース」で民主化はストップしてしまいます。

そして、ついに朝鮮戦争が勃発すると、日本はアメリカの要求によって警察予備隊、保安隊、そして1954年には自衛隊をつくって再軍備を進めたわけです。

そのなかで日本は、アメリカと同じような経済体制をとる西側諸国との間で「サンフランシスコ平和条約」を結び、いわゆる単独講和で独立を回復しますが、同時に「日米安全保障条約」によって、日本はアメリカに軍事基地を提供することになります。

長は、「戦争の放棄」で得たのではなかったか

1960年、この安保は改定されますが、基本的には現在でも沖縄に集中的に、そして全国各地にも米軍基地を抱えるという状況になったわけです。

その後、日ソ共同宣言や日中共同声明、日中平和友好条約、そして日韓基本条約と、サンフランシスコ講和の課題は解決していきますが、まだ北方領土問題等々は解決していません。

ただ、戦後経済だけは飛躍的に発展しました。そして大局的にいえば、朝鮮戦争によって日本は、「朝鮮特需」という好景気で、一挙に戦前の水準にまで近づき、そして最終的にはアメリカのヴェトナム戦争への本格介入、すなわち北爆開始の1965年以降、第2次高度経済成長を遂げて、世界自由主義国第2位の経済大国になったわけです。

戦後の日本は、戦争を放棄することによって平和を長く享受しつつ、そしてアメリカが中心となった2度の大きな戦争のため、飛躍的に経済成長をするという過程をたどりました。

しかし、その結果として起こった、さまざまな矛盾が今日まで尾を引いているわけです。

▶テーマ① 民主化・逆コース
アメリカを良き手本として

■占領行政を担ったGHQが間接統治した

　ポツダム宣言を受諾して、**無条件降伏**を受け入れた結果、日本はしばらくの間、国家としての独立を奪われてしまいます。連合国による占領が始まるからです。連合国とはいえ、実際には、**アメリカが単独で日本を占領する**形になりました。

　これは、同じ敗戦国であるドイツなどとは大きく違うところです。日本占領は、ワシントンに設置された**極東委員会**（11カ国で構成）が基本的な方針を決め、指令を受けた議長国のアメリカ政府がこれを**連合国軍最高司令官総司令部**、いわゆる**GHQ**に指令し、さらにGHQが日本政府に指令して、民主化を進めていきました。日本政府があくまでも存在し、連合国側が直接、日本を支配するわけではないので、これを**間接占領**とか、**間接統治**といいます。

　終戦を受け入れ、総辞職した**鈴木貫太郎内閣**に代わって、1945年8月、史上唯一の皇族内閣、**東久邇宮稔彦内閣**が誕生します。ところが、東久邇内閣は、「**一億総懺悔**」「**国体護持**（天皇制の維持）」などを掲げたのですが、「天皇を批判することも自由だ」というGHQの民主化指令があまりにも強硬なものだったために、自信を失ったのでしょう、すぐに総辞職してしまいます。

■マッカーサーが示した五大改革指令

　そこで、厳しい民主化要求の波に耐えうる人物は、かつて協調外交を推し進めた**幣原喜重郎**しかないということになり、10月、幣原喜重郎内閣が発足し、日本はいよいよ本格的な民主化の

東久邇宮稔彦…1887〜1990。久邇宮朝彦親王の子。東久邇宮は稔彦王が創立し

道を歩んでいくことになります。

GHQの最高司令官**ダグラス＝マッカーサー元帥**は、幣原喜重郎に対して**五大改革指令**を示しました。これによって、具体的な政策が次々と進められていきます。戦後の民主化の重要な出発点になったものなので、ひととおり見ておきましょう。

①**婦人参政権の付与（婦人の解放）。**

1945年12月の新選挙法（改正選挙法）で、満20歳以上の男女に選挙権が与えられます。

②**労働組合の結成の奨励。**

労働者が弱い立場だと、どうしても安い賃金で働かされる。その結果、質のいい物がたくさん作られて輸出が有利になり、日本が不当に高い国際競争力をもってしまう。これを抑制するのが、本来の目的でした。労働組合法、労働関係調整法、労働基準法の、いわゆる労働三法がいち早く制定されていきます。

③**教育制度の自由主義化。**

戦前の軍国主義教育が廃止され、アメリカ型の「6・3・3・4制」が始まります。「日本国憲法」に合致した国民主権に基づく新しい教育理念を決めた教育基本法とともに、現在まで続く教育の基本になっています。

④**圧制的諸制度の撤廃。**

秘密警察として悪名の高い特別高等警察、いわゆる特高や、治安維持法などの弾圧立法が廃止されます。

⑤**経済機構の民主化。**

これは、大きく2つに分けられます。一つは、財閥解体。政党と癒着して腐敗した財閥は、ほんの

た宮家。陸軍大学卒業後、陸軍大将などをへて首相となる。

限られた家族だけが、多くの企業の株を独占的に持って、私的に経済を動かす。これはあまりに非民主的だということで、その資産を凍結したうえで財閥の解体が進められましたが、中途半端な形で終わってしまいます。

　もう一つは、**農地改革**。農業に自らタッチせず、高率の現物小作料を取って富を誇った不在地主が保有していた小作地はすべて解放され、寄生地主制はほぼ解体します。貧農層を抱える国では労働者の権利が低く、国内の市場が狭くなって、経済はどうしても海外依存型となり、それがうまくいかなくなると、軍事力による植民地の獲得になっていくと考えられたのです。

■「日本国憲法」と政党の復活

　このように、5本の柱からなる民主化が実行されていくと、当然、その基本となる「**日本国憲法**」も制定されなければいけませ

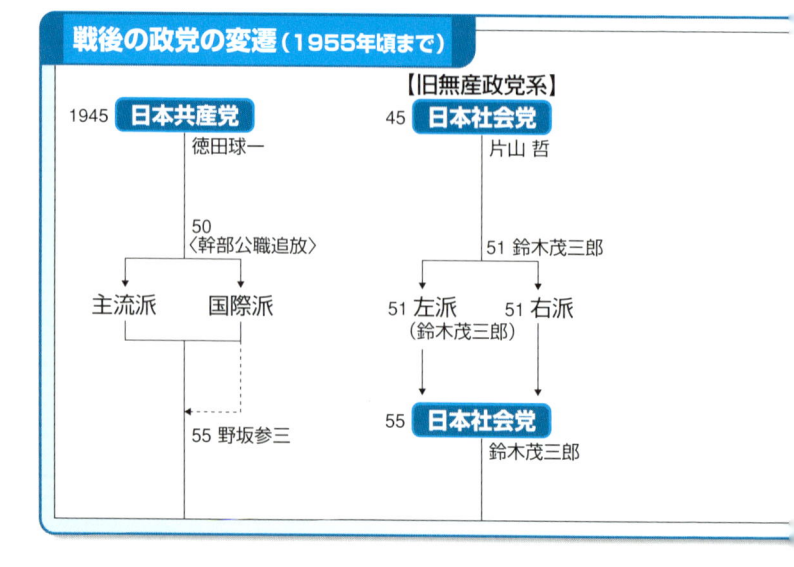

戦後の政党の変遷（1955年頃まで）

【旧無産政党系】

1945　日本共産党　　　　　　　　　45　日本社会党
　　　徳田球一　　　　　　　　　　　　片山 哲

　　　　50
　　〈幹部公職追放〉　　　　　　　　51 鈴木茂三郎

　　主流派　国際派　　　　　51 左派　　51 右派
　　　　　　　　　　　　　（鈴木茂三郎）

　　　　　　　　　　　　　　　　55　日本社会党
　　　　　55 野坂参三　　　　　　　　鈴木茂三郎

---

204 ◆　吉田茂…1878〜1967。政治家。奉天総領事、駐英大使などをへて外相に。のち

ん。

これは幣原内閣の原案、憲法問題調査委員会（松本委員会）の草案がＧＨＱに否定された結果、いわゆる**マッカーサー草案（ＧＨＱ草案）**が示され、これに基づいて再び原案を練り直したのですが、幣原内閣が選挙に敗れ、交代した**第１次吉田 茂 内閣**の時に帝国議会（貴族院と衆議院）で審議・修正・可決されて、現在の「日本国憲法」が出来上がります。

「日本国憲法」については、日本史でというより、むしろ義務教育で学ぶべき社会科の一番重要な部分です。その３原則は、「**主権在民（国民主権）**」（第１条）、「**平和主義（戦争の放棄）**」（第９条）、そして「**基本的人権の尊重**」（第11条）です。

第１条の主権在民は同時に、天皇が国、および国民統合の象徴であること、いわゆる**象徴天皇制**を宣言したものです。これに先立つ1946年１月、昭和天皇は、自ら「神」であることを否定した

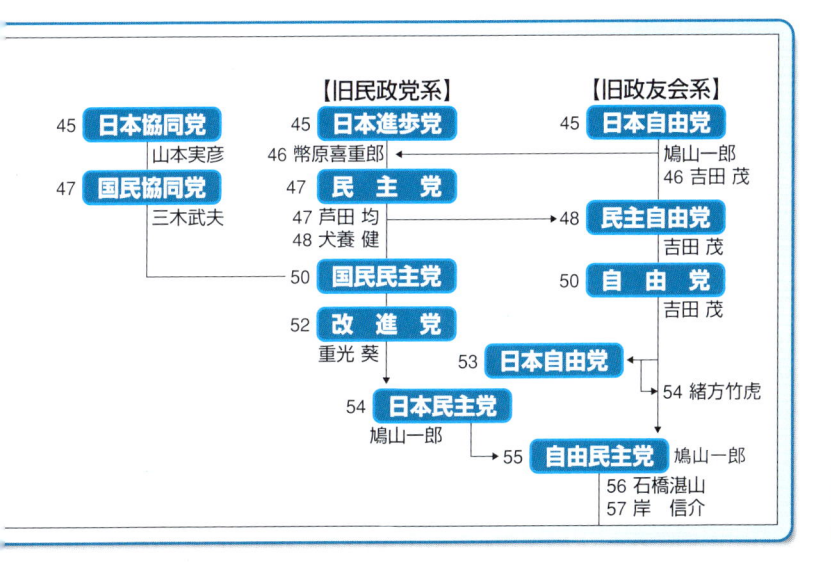

```
                    【旧民政党系】        【旧政友会系】

45 日本協同党      45 日本進歩党         45 日本自由党
   山本実彦         46 幣原喜重郎    ←      鳩山一郎
                                            46 吉田 茂
47 国民協同党      47 民主党
   三木武夫         47 芦田 均      →   48 民主自由党
                   48 犬養 健              吉田 茂

                → 50 国民民主党          50 自由党
                                            吉田 茂
                   52 改進党
                      重光 葵      → 53 日本自由党

                → 54 日本民主党                       → 54 緒方竹虎
                      鳩山一郎
                                 → 55 自由民主党      鳩山一郎
                                                     56 石橋湛山
                                                     57 岸 信介
```

内閣を組織し、日米安保条約を調印。引退後も保守勢力に影響力をもった。

「天皇の人間宣言」を出していました。

　もちろん、新憲法の特徴はこれだけではありません。**国会は国権の最高機関となり、衆議院と参議院**になります。

　民法も、お父さん、すなわち家父長の権限がきわめて強かった部分が大改正されて、現在の平等な民法、男女同権の民法が出来上がっていきます。

　地方行政もまた、大きく変わりました。**地方自治法**が制定され、県の行政を行う県知事といった首長、いわゆる自治体の長は公選、その地域住民の選挙によって選ばれるようになります。

　このように、民主化が進むなか、「日本国憲法」が1946年11月に公布され、そして当然、政党も、再び活動を開始します。戦中は**近衛新体制**のもと、**大政翼賛会**という一国一党式の巨大な組織が出来上がっていましたが、これによって解散させられていた政党が次々と復活してくるのです。

　まず、非合法であった日本共産党が、合法活動を始めます。そして、旧政友会系を中心に日本自由党、旧民政党系を中心に日本進歩党、さらにまた、旧日本社会党系、無産政党系が日本社会党。この日本社会党と保守系の日本自由党、日本進歩党との間の中間的な日本協同党というように、戦後いち早く政党が活動を開始するわけです。

　そして1946年4月、新選挙法に基づいて選挙が行われ、その結果、第1党になった**日本自由党**の党首・**鳩山一郎**が新しい内閣総理大臣になる予定でしたが、直後に鳩山は**公職追放**で政界から排除されてしまいます。

　すなわち、戦時中、軍国主義に加担し、軍国主義を進めた人々は、公の職から次々と追放されていったわけです。その結果、日本自由党の党首を務める人物が見つからず、すったもんだの末に、**吉田茂**が党首になり、5月、第1次吉田茂内閣が発足します。

206　◆　片山哲…1887～1978。政治家。キリスト教的社会主義を主張し、社会運動をは

そして、日本進歩党を背景にしていた幣原喜重郎は、この内閣に協力しました。

■短命に終わった社会主義政党の内閣

さて、公布された「日本国憲法」は、翌1947年5月から施行されます。この新しい憲法に従って、参議院の選挙をしなければいけません。もちろん、衆議院も選び直さなければいけないということで、4月に新憲法による最初の選挙が、戦後2回目の選挙として行われますが、この総選挙で、なんと日本社会党が第1党になりました。

吉田の日本自由党は第2党、以下、民主党、国民協同党となりました。戦後は議院内閣制なので、衆議院・参議院の選挙によって国会議員たちが総理大臣を選びます。

そこで、日本社会党と民主党と国民協同党が、いわゆる共同歩調をとって、3党連立で片山哲内閣を選び出します。吉田は政権を追われることになりました。

ところが、片山連立内閣は、社会党内部の左派と右派の対立を解消できず、総辞職してしまいます。同じ3党の枠組みで、今度は民主党の党首・芦田均の芦田内閣が発足しますが、これまた1948年10月、昭和電工事件という疑獄事件に巻き込まれて総辞職してしまいます。片山・芦田と2代にわたる連立内閣は短命に終わり、社会主義的な政策が本格的に実施されることはありませんでした。

このようななかで、野党になっていた民主自由党（日本自由党が民主党脱党派を吸収して発足）の吉田に2度目の内閣が回りますが、少数与党の内閣です。まもなく吉田は衆議院を解散し、戦後3度目となる選挙で、民主自由党は単独で過半数をとり、ここについに安定政権が誕生するのです。

じめる。日本社会党書記長となり首相になった。

民主自由党はその後、現在の自由民主党に発展する自由党と改称し、以後長らく、宮沢喜一内閣が内閣不信任案を可決される1993年まで、**保守安定政権**が続いていくわけです。

■民主化優先から経済再建優先へ

保守安定政権が発足した1949年頃、政治の世界は一種の安定を迎えるわけですが、この間に世界情勢は大きく変動し、緊張していきます。いわゆる**冷戦の激化**です。

私有財産制度を否定する社会主義・共産主義の国々、ソヴィエトを中心とする**東側諸国**と、私有財産制度をもとに資本主義を維持する自由主義陣営、アメリカを中心とする**西側諸国**との対立が激化したのです。

それは、直接的には**米ソの対立**ということになります。軍事的な戦争にはなりませんが、米ソは核兵器を開発しつつ、自らの陣営に属する国を増やすために世界で対立を繰り返していきます。

ヨーロッパでも、西側の諸国は、自由主義をとるアメリカ側の国家群として戦後世界を歩みはじめます。一方、東欧諸国は、ソヴィエトの影響を強く受けた共産党、労働者党などが政権を握る社会主義体制をとっていくわけです。

そのようななかで、日本にとって一番大事なのは、**冷戦の激化によって、ＧＨＱ、すなわちアメリカの単独占領に近い占領行政が大きく転換してしまった**ことです。

つまり、最初は日本が二度と軍国主義化しないように、重化学工業などは制限したほうがいいという、徹底した民主化を第一目標にしていたアメリカの占領行政は、一刻も早く西側の一員として、日本が強い国となるよう、経済の再建を優先するようになっていくのです。**民主化優先から経済再建優先へ**変わっていくわけです。

芦田均…1887〜1959。政治家。外務省に入ったが満州事変後に辞職。衆議院議

■冷戦で戦後日本の民主化の中身が変わった

その結果、アメリカの都合で、あっという間に日本の占領行政の中身も変わっていきます。

まず、労働組合運動では、1947年1月の「二・一ゼネスト計画」の中止指令に象徴されるように、むしろ抑制されていきます。警察組織も、中央集権的なものに変わっていきます。

教育にかかわる問題では、地域の教育をつかさどる教育委員会は、教育委員を住民たちが選挙で選ぶというように、**公選制**の教育委員会制度だったものが、やがて自治体の首長による**任命制**に変わっていきます。地域の保護者たちの教育に参画する権利を、完全に奪ってしまいます。**逆コース**と呼ばれる民主化の後退がはっきりしてきたのです。

経済機構の民主化では、会社が巨大な支配力をもってしまうと、民主的で公平な競争の弊害になるとして、1947年12月に**過度経済力集中排除法**が制定され、大きすぎる企業325社が分割の対象に指定されましたが、実際に分割されたのは11社のみでした。

金融機関・銀行については、まったく対象にもされなかったので、まもなく日本の戦後経済は、旧財閥系の銀行を中心とする企業集団によって担われるようになります。いわゆる**大企業中心の経済再建になっていく**わけです。

もちろん、財閥家族というものは、**持株会社整理委員会**による株式の民主化によって、経済支配力を奪われましたが、経済の大きな構造はそのまま再生されたわけです。

そのような意味で、冷戦の激化は、戦後日本の民主化の中身を大きく変え、そして、アメリカを中心とする西側の一員として、日本はやがて独立し、経済再建を果たしていくわけです。

員となり、幣原内閣に厚相として入閣。片山内閣総辞職後、内閣を組織。

テーマ❷ 朝鮮戦争・冷戦の終結
独立と残った「3つの日本」

■朝鮮戦争で独立への道が開いた

　第2次世界大戦の末期には、米ソはすでに対立を始めていました。戦後、米ソの対立、いわゆる**冷戦**は激化していきます。しかし、それは、あくまでも「**冷たい戦争**」、弾の飛び交わない戦争だったわけですが、ついに1950年、朝鮮半島で、戦争はほんとうに起こってしまいます。**朝鮮戦争**の勃発です。

　韓国併合という日本の植民地支配が終了した朝鮮半島では、社会主義体制をとる金日成(きんにっせい)を指導者とする朝鮮民主主義人民共和国（北朝鮮）と、現在の韓国、李承晩(りしょうばん)を大統領とする大韓民国の2つの国家が現れます。

　その構造は、東西冷戦と同じで、社会主義体制の国が勝つか、自由主義体制、資本主義の国が勝つか、ということで戦争が始まったのです。国連軍という形をとってアメリカがこれに介入して、大戦争が朝鮮半島で勃発します。

　戦後、破局的なインフレーションと経済の疲弊に苦しんでいた日本は、この**朝鮮戦争による特需景気(とくじゅけいき)で、一挙に経済再建の第一歩を確実なものとし、念願の独立を達成する**ことになります。

　すなわち、日本の徹底した民主化を放棄し、経済再建へと方向を転換していたアメリカは、もはや日本を占領している場合ではない、早く独立させてしまおう、と早期講和を目指したからです。

　これに応じない手はありません。第3次吉田茂内閣は1951年、**サンフランシスコ平和条約**を結んで、ついに日本は西側の一員として独立を回復するわけです。

蔣介石…1887～1975。中国の政治家。日本の陸軍士官学校を卒業。南京に国民

戦後史にどんな意味があるの？ 7日目

■サンフランシスコ平和条約と日米安全保障条約

サンフランシスコ平和条約は大変複雑な講和条約でした。まず、条約を結んだのが、日本が戦ったすべての国とではなく、西側、**アメリカを中心とする西側諸国48カ国との条約**となりました。いわゆる**単独講和**です。

講和会議に招かれたソ連・ポーランド・チェコスロヴァキアは調印を拒否し、インド・ビルマ（現ミャンマー）などは参加すらしません。さらにやっかいなのは、日本の軍事占領が解けた中国において、国共合作が破れ、中国国民党と中国共産党の内戦が勃発したことです。

今度は中国共産党が戦争に勝って、**蔣介石**の国民党政府は、台湾に逃げ込んでしまいます。従来どおり、国際社会が認めている台湾を中国政府とするか、それとも中国大陸全土をほぼ支配下においた中華人民共和国を中国代表とするか、諸国間で意見がまとまらず、結局、その両者とも会議には呼ばれませんでした

さらに、注意しておかなければいけないのは、そもそもアメリカの占領行政自体が、沖縄・小笠原・奄美諸島を軍政下にしていたため、この条約の独立の対象となった日本という国の領土が、これらの地域を含んでいなかったことです。**国際連合**（1945年10月発足）の管理下におくプランはあったのですが、事実上、アメリカが軍事占領を続けたわけです。

そして、米軍はどうなったかというと、本来、独立すれば、占領軍は撤退するはずですが、同時に**日米安全保障条約**が結ばれて、アメリカは極東の平和のために、そのまま日本に居続けることとなり、日本は基地を提供するばかりか、その駐留費の一部を負担することになりました。これが日米安全保障条約です。もちろん、外的な、たとえばソヴィエトが攻め込んで来た時に、アメリカ軍はこれを撃退するために戦う可能性はあるのですが、必ず

党政府を組織した。戦後は台湾へ移った。

しも日本を防衛しなければいけないという義務はありませんでした。

また、条約の有効期限も決められておらず、きわめて不備な、**日本にとって不平等な形の事実上の軍事同盟**が結ばれました。そして、この軍事同盟のやっかいなところは、「日本国憲法」で日本を完全に戦争放棄の国としていたために、今日まで、いわゆる自衛隊問題が残ってしまったことです。

ちなみに、前回、民主化の逆コースの話をしましたが、その一番大きなポイントが、この再軍備でした。すなわち、朝鮮戦争が勃発すると、**GHQ**は吉田内閣に対して「軍隊を持て」と要求します。吉田内閣は**警察予備隊**を作ってこれに対応しますが、1952年には**保安隊**、そして1954年には現在の**自衛隊**が発足し、防衛庁が設置されています。

■「雪どけ」と第3勢力の台頭

このように、朝鮮戦争は日本の運命を大きく変えましたが、朝鮮戦争そのものは、なかなか決着がつきません。1953年に**朝鮮休戦協定**が結ばれて、南北朝鮮の対立がそのまま現在まで残ることになりました。

ところが、朝鮮戦争を生んだ東西の冷戦構造は、1950年代半ばになると、対立がやや緩和されます。米ソ両国が核の開発を進めたこともあり、直接の戦争がもはや不可能だということがわかってきたからです。これを「雪どけ」といい、1955年の**ジュネーヴ4巨頭会談**はそれを象徴するものです。

一方で、この頃になると、インド・中国などが国際社会で発言力を強めてきます。あるいは、新たに独立したアジア・アフリカの国々も自己主張を始めます。このような状況を**多極化**といい、1955年にインドネシアのバンドンで開かれた**アジア＝アフリカ会**

議（バンドン会議）が世界の注目を集めました。

現在、国際連合では、加盟国の圧倒的過半数がアジア・アフリカ諸国によって構成されています。これら**第3勢力（第3世界）**と呼ばれる国々の意見が、国際社会に強く影響力を与える状況が最初に見えてきたのが、1950年代半ばであったといえます。

■ **現在まで尾を引くサンフランシスコ平和条約**

ところで、サンフランシスコ平和条約で未解決に終わった問題はどうなったでしょうか？

ソヴィエトについては、1956年に**鳩山一郎内閣**が自主外交を掲げて、**日ソ共同宣言**を発表し、戦争状態の終結が確認されました

平和条約の規定による日本の領土

- カムチャツカ半島
- ソ連
- 樺太
- シュムシュ島
- 千島列島
- 未解決
- 択捉島
- 国後島
- 色丹島
- 歯舞諸島
- 日本固有領土
- 中華人民共和国
- 朝鮮民主主義人民共和国
- 大韓民国
- 竹島
- 対馬
- 済州島
- 伊豆諸島
- 八丈島
- 尖閣列島
- 奄美大島
- 奄美諸島 1953年返還
- 沖縄
- 琉球諸島 1972年返還
- 台湾（国民政府）
- 孀婦岩
- 小笠原諸島 1968年返還
- 硫黄諸島 1968年返還

凡例：
- 太平洋戦争前の日本領
- サンフランシスコ平和条約による日本の領域
- その後の日本復帰地域
- 数字　日本への返還年

自由党の総裁となる。のち日本民主党を組織し、社会党の支持を受け首相に。

が、平和友好条約はその後の継続交渉にゆだねられることになり、現在に至るまで結ばれていません。

この平和友好条約が結ばれた時点で、ソヴィエトは歯舞・色丹を日本に返還することを明言していたわけですが、1991年にソヴィエト連邦そのものが解体して以降、これはロシアとの最大の外交の懸案となったままです。

その意味で、ソヴィエトが調印を拒否したサンフランシスコ平和条約が、基本的に現在までずーっと尾を引いているといえるでしょう。

また、中国との問題はさらにずれこんで、日本は1952年に台湾の中華民国と平和条約を結びますが、やがてアメリカが中華人民共和国を国交の相手に選んだ、いわゆる**ニクソン訪中**以降、これに追随し、**田中角栄内閣**が1972年に**日中共同声明**を発表して台湾を切り捨てます。そして1978年に至って**日中平和友好条約**が結ばれ、今日の日中関係が設定されました。

沖縄返還については、これは1971年までかかって、ようやく**沖縄返還協定**が結ばれ、翌年には**沖縄の祖国復帰**が実現します。しかし、日本に存在する米軍基地の約75パーセントが沖縄に集中したままです。まだまだサンフランシスコ平和条約、日米安全保障体制の枠組みから、さほど大きくは変わっていないといえるでしょう。

■ 戦後史でも大切な「3つの日本」の視点

さて、1960年代に入ると、日本は**高度経済成長**を続けますが、一方でアメリカは、現在につながるアメリカ一国主義的な世界秩序を目指して、1965年にヴェトナムの南北対立による**ヴェトナム戦争**に本格介入して、社会主義体制をとる北ヴェトナムに対し本格的な爆撃、いわゆる**北爆**を開始します。

田中角栄…1918〜1993。政治家。民主党から当選。その後、自由党副総裁をへ

ちなみに、この年、戦前の植民地支配の傷から、なかなか友好的な関係を結べなかったお隣の韓国（大韓民国）との間で、アメリカの強い意向もあって、**日韓基本条約**が結ばれています。一番近い朝鮮との戦後の国交は、なんと1965年に至ってようやく成り立ったのです。

　しかし、この条約の締結は、東西冷戦の枠組みの中で、南側の大韓民国を唯一の合法政府と認める国連決議を遵守する形であったため、朝鮮民主主義人民共和国（北朝鮮）との間では、今日に至るまで正式国交は結ばれていません。

　そのようななかで、北朝鮮による拉致問題などの未解決の問題が発生していったわけです。このあたり、サンフランシスコ平和条約による独立で、単純に日本が現在の日本に戻ったのではないということを覚えておかなければいけません。

　そして何よりも、本書の中で何度も強調しているように、古代における「**3つの日本**」という枠組みは、その形は変わってはいるけれど、やはりしっかりと残っていたのだ、ということを覚えておいてもらわなければいけません。

　現在の沖縄の抱える問題は、日本の中央政府の国家間、外交関係の姿勢によってそのまま存続してしまったのです。そして、戦前の北海道旧土人保護法の差別的な面が批判され、**アイヌ文化振興法**という、アイヌ民族の文化を維持・存続させる義務が私たちにはあるのだと気づいた法律が、不十分なものとはいえ、最近になってようやく成立しました。

　その意味で、「3つの日本」という視点は、戦後史においても忘れてはならないものなのです。

テーマ❸ 高度経済成長・石油危機
戦争のたびに豊かになった

■ **西側陣営の一員として迎えられた**

最後に、戦後の日本の経済をざっとふり返っておこうと思います。

破局的なインフレーションから始まります。食糧難をしのぐために、とにかく食料を買い集めて配給することで精一杯でした。ところが、占領行政の転換によって、経済再建を第一目標とするようになります。

アメリカは、1948年末に**経済安定九原則**を日本に示し、日本政府はこれに則って、赤字を出さない超均衡予算を組み、財政を再建しながら、本格的な経済再建に取り組むことになります。

その結果、起こったデフレを**ドッジ=デフレ**と呼びますが、ともかく収入以上にお金を使わない均衡のとれた、**ドッジ=ライン**と呼ばれる予算でした。

ふつうなら、ここで不景気が続いて失業者が増大するところですが、1950年6月に**朝鮮戦争**が勃発。日本はアメリカ軍の大量の軍需物資を引き受けることになりました。経済再建の第一歩は、まさに**特需景気**によって始まったのです。当時は戦争という言葉を避けて、「特別の需要」と表現しましたが、紛れもなく戦争による好景気でした。

朝鮮休戦協定（調印は1953年）によって、この特需景気は収まります。しかし、日本はその後も、経済成長のための手を打ち、西側陣営の一員として、世界的な経済機構に加わっていきます。

早くも1952年、日本は**国際通貨基金（IMF）**、あるいは**世界銀行（IBRD）**などに加盟します。そして、日ソ共同宣言が発

216 ◆ 特需景気（1950〜53）→神武景気（1955〜1957）→岩戸景気（1958〜1961）→

表された鳩山一郎内閣の1956年には、国際連合への加盟を果たすのです。

■「もはや戦後ではない」日本の高度経済成長

とはいえ、日本はまだまだ経済再建の途上にあり、そのため日本の国際経済機構への参加は、若干の保護貿易などが許されるハンディキャップ付きのものでした。

しかし、55年体制が固まった頃から、神武景気と呼ばれる大型の好景気が始まり、米の大豊作が続いて食糧難からの脱出が達成されるなかで、1956年には世界第1位の造船国になります。経済白書が「もはや戦後ではない」と宣言するところまで、日本経済は回復したのです。

その後、若干の成長率の鈍化はあるものの、まもなく岩戸景気と呼ばれる好景気が続き、さらに1964年の東京オリンピックの開

実質経済成長率の推移

（グラフ：1950年〜1990年の実質経済成長率の推移）

主な出来事：
- 朝鮮休戦協定（53・7）
- 国民所得倍増計画（60・12）
- 全国総合開発計画（62・10）
- 戦後初の赤字国債発行（66・1）
- 変動相場制移行（73・2）
- 第一次オイル=ショック（73・10）
- 第一回サミット（75・11）
- 第二次オイル=ショック（78・12）
- 五カ国蔵相会議（85・9）
- バブル経済へ

景気の局面：
朝鮮特需 → 神武景気 → 岩戸景気 → オリンピック景気 → いざなぎ景気（ヴェトナム特需）→ 列島改造ブーム

オリンピック景気（1963〜1964）→いざなぎ景気（1966〜1970）。

催にともなう建設の需要などから、**オリンピック景気**と呼ばれる大型景気が続きます。東京オリンピックの頃には、日本はほぼ世界の先進国に追いついたのです。

その結果、日本は、自由貿易を目指さなければならない先進国の側に立って、**IMF8条国**移行、さらには**経済協力開発機構（OECD）**に加盟することになります。

東京オリンピックの開催に合わせて、**東海道新幹線**も営業を開始し、開放経済体制に移行するなかで、日本はさらなる成長を続けました。1965年は昭和40年なので、**40年不況**と呼ばれる成長率のやや低迷する時期を迎えますが、これも今日から見れば、十分すぎるほどの高度経済成長でした。

そして、アメリカの**ヴェトナム戦争**への本格介入、**北爆**(ほくばく)を契機として、1966年以降、再び大型景気がやってきます。当時はまだまだ古い神話教育を受けた人が多かったので、**いざなぎ景気**と呼ばれましたが、内容は**ヴェトナム特需**です。

なぜなら、アメリカは「ドルを世界中にばらまいた」といわれるように、ヴェトナム戦争の過程で膨大な軍事費を浪費し、そのかなりの部分が日本に入ってきたからです。

1968年に至って、日本は、アメリカに次いで**国民総生産（GNP）**で世界第2位にまで上りつめます。

このような**高度経済成長**は、技術革新・設備投資の拡大により**重化学工業の成長**を飛躍的にうながしましたが、一方では**公害問題**という重要な問題を発生させました。

いわゆる**四大公害訴訟**が相次いで起こされ、1967年に公害対策基本法が制定され、1971年には環境庁が発足しています。

現在は、個々の企業の公害垂れ流しなどは収まっていますが、新たな問題として、地球の温暖化などに対する取り組みが迫られています。1993年には、温暖化、オゾン層の破壊に対処するもの

四大公害訴訟…水俣病（熊本）、イタイイタイ病（富山）、新潟水俣病、四日市

として、**環境基本法**が制定されています。

■日本を襲ったオイル＝ショック

ところで、ヴェトナム戦争の後、世界における最大の紛争の種は**中東問題、パレスチナ問題、中東戦争**でした。これが日本に大きな影響を与えたことは、みなさんもよく納得しておられると思いますが、その背景には1960年代を通じての**エネルギー転換**がありました。

戦後、日本の経済再建は、石炭・鉄鋼に重点的に融資する**傾斜生産方式**でその第一歩が歩み出されるなど、石炭産業は花形産業でした。しかし1960年代になると、エネルギーの主力が石油に代わっていきます。すると、中東の産油国の動向と地域紛争が、日本の経済に大きな影響を与えることになります。

それは**オイル＝ショック（石油危機）**という形で日本を襲うわけですが、この石炭から石油へというエネルギー転換、さらには油の使いすぎを補う形での**原子力の平和利用**も、さまざまな原発事故などで今日の課題となっているわけです。

このように、日本は1965年以降、高度経済成長を続けましたが、1970年代に入ると**低経済成長**の時代に入り、やがて1986年に土地と株以外には投資先がないという**バブル経済**を迎え、それがはじけた1991年以降、財政と経済の困難な状況が続き、**平成不況**が深刻化したのです。

さて、いざなぎ景気の後、1970年代以降になると、**田中角栄内閣**の時の**日本列島改造**ブームによる地価高騰とか、さまざまな経済の変動があるとはいえ、第1次オイル＝ショックの1973年には、すでに円は現在の**変動相場制**に移行し、日本の経済成長とともに、円高、円安という為替の変動が、これまた大きく日本の経済そのものに影響を与えるという時期がやってきます。

ぜんそくの患者らが企業を相手取って訴訟を起こし、いずれも勝訴。

このあたりはもちろん、日本史で学ぶよりも、他の分野で学ぶことのほうが多いでしょうが、大きな流れの中で、日本史として理解しておいてもらいたいと思います。

■日本の近代が問いかけるもの

日本の近代は、ペリーの軍艦を並べた**砲艦外交**に屈服し、さらにもう一度、**原爆**を投下されたことによって決定的な影響を受けました。アメリカの圧倒的な軍事力によって打ちひしがれるという敗戦の中から、これに対抗するために、西洋のシステム、西洋の思想を取り入れてきました。そこで、日本の近代は、そのような区分から、欧米時代、より正確にはアメリカ時代と位置付けることができるでしょう。

その時、天皇は「神」と意識されて、その先頭に立ったのです。第2次世界大戦後、天皇は**人間宣言**によって「神ではない」と自ら宣言するわけですが、**象徴天皇制**と現在の皇室に対する日本人の一般的な感覚からすれば、やはり「神」としての天皇を常に頂点にいただくという構造の中で、その「神」が先頭に立って近代化を進めたと考えるべきでしょう。

古代でも、白村江（はくそんこう）の敗戦という大敗北の結果、起こった壬申（じんしん）の乱という内乱、これによって天武（てんむ）天皇が勝者となって現れると、人々は天皇を「神」と称え、そして「神」のもとで日本を取り戻すのではなく、日本の上に中国の文化・制度を取り入れていきました。

すなわち、「神」である天皇は、日本を象徴する最高の権威として存在するとともに、従来の日本を大きく変える変革者、先導者としての立場を担ったのです。

中央集権を目指す国家改造のもとでは、常に戸籍の作成が最優先され、律令でも、近代の軍隊制度でも、そこで必ず徴兵制が敷

---

220 ◆ 1950年代は洗濯機、冷蔵庫、テレビが三種の神器であったが、1960年代になる

かれるのは、国家軍の形成が何よりも優先されたからです。その意味で、憲法第9条の問題、「**平和主義（戦争の放棄）**」は常に念頭においておかなければいけません。

　ここで、私なりの見解を示しておくと、古代国家はやがて、その軍事面が突出して、天皇の政治を武家政権が担うという形で征夷大将軍というシステムを使い、中世・近世の武家政権が存続した。そして近代においても、やはり英語を使う官僚たちが国家行政を事実上、担っていき、やがて外交的な行きづまりのなかで、軍部が天皇に代わって政治をとろうとした。「二・二六事件」に象徴される軍事政権樹立のクーデターはまさにその典型で、だとすれば、近代以降の日本でも、やがて再び軍事が表に出る国家になってしまったといえるかもしれません。

　では、今日、私たちが、このような考え方から歴史を見る時に、最も関心を払わなければいけないこととは、いったいなんでしょうか。

　日本が必須の条件とした天皇制をどのように民主国家の中で存続させていくか、それから軍部の突出をどうやって抑えるか、また外国語を駆使できることで一国の行政を牛耳っている官僚支配をいかに文化的に克服できるか、そして国民に奉仕する本来の公務員はどうすれば生まれるか——個々の問題はいろいろあるでしょうが、要はそれらを大きな観点から考えていくことができるかどうか、そこに尽きるのだと思います。

とカー、クーラー、カラーテレビが3Cとして新しい神器となった。

COLUMN 7

日本語はどこへ行くのか？

　戦後の文化は、どのように見ればよいでしょうか。前回のコラムで、大正から昭和にかけて「大衆文化」というものが発達したという話をしました。

　戦後は、今度は圧倒的なアメリカ文化の影響が出てきます。連合国の占領行政が事実上、アメリカによる単独占領だったからです。

　明治時代には、たくさんの外国語が入ってきました。これをなんとか漢字に直す、あるいは日本語に直すということで、欧米の文化を取り入れてきましたが、戦後のアメリカ文化を中心とする欧米文化の流入は、その何倍ものスピードで入ってきます。

　インターネット関係の言葉を、明治時代のようにすべて日本語に直すということは、ほとんど不可能です。その結果、日本語は何がなんだかわからなくなってきました。日本語そのものが大きく揺らいでいるのです。

　アメリカ中心の文化を圧倒的に受け入れたために、入試科目でも中心は「英語」。なんと、「日本史」は選択科目なのです。そして、日本語の中に、わけのわからないカタカナ語が氾濫（はんらん）する……。

　これは、もはや少々の国語教育の改善とか、あるいは文部科学省の対策などで、どうなるようなものでもなさそうです。「日本」史の構造的な問題の一端なのではないでしょうか。

　欧米に追いつこうとした明治以降の日本の基本的なあり方が、現在の混沌（こんとん）とした文化・言語の状況を生んでいるのです。

〈著者略歴〉
石川　晶康（いしかわ　あきやす）
1946年、東京都に生まれる。
東大・一橋大などの論述講義や早慶大などの難関私大講座を担当し、生徒からの絶大な支持を得ている。河合塾の中心的存在。
「歴史の現場に立つ」「実際の文化財、古文書に触れる」「生徒とともに問題に取り組む」ことを重視する。現場、現実を何よりも重視することを第一に心がける。主な著書に『ゼロからはじめる日本史①前近代編』『ゼロからはじめる日本史②近現代編』（以上、学習研究社）、『日本史の考え方』（講談社現代新書）など。

編集構成：小倉一邦（クエストラ）
デザイン：本澤博子
イラスト：石田とをる
本文図表：ファクトリーウオーター
装　　丁：石澤義裕
装　　画：津田蘭子

7日間で基礎から学びなおす
カリスマ先生の日本史

2005年3月9日　第1版第1刷発行
2007年5月7日　第1版第2刷発行

著　　者　石　川　晶　康
発　行　者　江　口　克　彦
発　行　所　Ｐ Ｈ Ｐ 研　究　所
東京本部　〒102-8331　千代田区三番町3番地10
　　　　　生活文化出版部　☎03-3239-6227（編集）
　　　　　普及一部　☎03-3239-6233（販売）
京都本部　〒601-8411　京都市南区西九条北ノ内町11
PHP INTERFACE　http://www.php.co.jp/

制作協力
組　版　　ＰＨＰエディターズ・グループ
印刷所
製本所　　共同印刷株式会社

© Akiyasu Ishikawa 2005 Printed in Japan
落丁・乱丁本の場合は弊所制作管理部（☎03-3239-6226）へご連絡下さい。送料弊社負担にてお取り替えいたします。
ISBN4-569-64111-3

PHPの本

「カリスマ先生」シリーズ

高校時代に勉強したけれど忘れてしまった……。あるいは、ずっと勉強したかったあの教科を基礎だけでも理解できるようになりたい……。
そんなオトナの願いに予備校のカリスマ先生が応えるシリーズ！ 短期間で「わかった気になれる」オトクな一冊！

7日間で基礎から学びなおす
カリスマ先生の英文法
東進ハイスクール講師 安河内哲也　著
定価1,260円（本体1,200円）税5％

7日間で基礎から学びなおす
カリスマ先生の数学
代々木ゼミナール講師 山本俊郎　著
定価1,260円（本体1,200円）税5％

7日間で基礎から学びなおす
カリスマ先生の物理
東進ハイスクール講師 橋元淳一郎　著
定価1,260円（本体1,200円）税5％

7日間で基礎から学びなおす
カリスマ先生の英作文
東進ハイスクール講師 安河内哲也　著
定価1,260円（本体1,200円）税5％